迷走する
イギリス

EU離脱と欧州の危機

細谷雄一

慶應義塾大学出版会

目次

迷走するイギリス——ＥＵ離脱と欧州の危機

序章　イギリスはどこに向かうのか

ＥＵとの離別

二〇一六年六月二四日のダウニング・ストリートの首相官邸には、大勢の記者が集まっていた。首相官邸の扉が開いて、この建物の主であるデイヴィッド・キャメロン首相がサマンサ夫人と手をつないで記者たちの前に現れた。用意された演台の前に立つキャメロン首相の顔には、どことなく緊張感が見られるが、同時に清々しい表情も見せていた。

キャメロン首相は、次のように語り始めた。

「この国は、巨大な民主主義の実践を行いました。おそらくは、われわれの歴史のなかでも最も巨大なものです。三三〇〇万人もの人びとが、イングランドで、スコットランドで、ウェールズで、そして北アイルランドやジブラルタルで、自らの意思を表明したのです。[1]」

この日の前日、イギリスでは、ＥＵ（欧州連合）加盟継続を問う国民投票が行われた。そして、この国民投票の結果は、おそらく戦後イギリス政治の歴史において、最も重要な転換点の一つを記すことになるだろう。イギリス国民は、自らの運命を投票によって示すことになった。それは、それまでのイギリス政治の伝統とは大きく異なる行動であった。

イギリスは伝統的に議会政治の母国として、直接民主主義ではなく、議員を通じた代議制民主主義を好む傾向が見られる。ところが、通常の総選挙では問うことができないような立憲主義の根幹に関わる問題を国民投票にかける例が、戦後において三回ほど見られた。一度目は一九七五年に当時のＥＣ（欧州共同体）加盟継続を問う国民投票であり、二度目は二〇一一年の選挙制度改革を問う国民投票であり、そして三度目がこのＥＵ加盟継続を問う国民投票であった。前の二回の国民投票では、国民は現状維持を望む投票結果を示した。ところが今回の国民投票の結果は、イギリス政治に巨大な地殻変動をもたらすことになった。イギリス国民は現状維持を拒絶して、ＥＵからの離脱という巨大な変革を選択したのである。キャメロン首相は、先の演説のなかで続けて次のように語る。

「イギリス国民は、欧州連合から離脱する選択を、投票を通じて行いました。そして、そのような意思は、尊重されなければなりません。[2]」キャメロン首相は、国民投票の結果を受けて、イギリス政府はＥＵからの離脱へ向けて動きはじめなくてはならないと説いた。というのも、「その結果については、何らの疑問点も存在し得ない」からである。それゆえに、「われわれは今、欧州連合との交渉を準備しなければならないのです。」(3) 一九七三年に当時のＥＣに加盟して以来四三年が経過した。イギリスはヨーロッパ統合の歴史に背を向けて、独自の道を歩みはじめることになる。

キャメロン首相自らは、イギリス政治史上前例のないほど大きな重みを持つこの国民投票において、イギリスがＥＵに残留することがイギリスの国益であると、繰り返し国民を説得してきた。また、そのような結果になることを期待し、確信もしていた。キャメロンは語る。

「私は、欧州連合加盟を続けることで、イギリスはより強大になり、より安全になり、より繁栄するという信念において、これまで明確に自らの立場を貫いてきました。そして国民投票はまさに、この選択を問うものであると、語ってきました。それは、一人の政治家の将来についての選択ではなく、私自身についての問題でもありません。」(4) しかしながら、イギリス国民はキャメロン首相の求める方向とは異なる道を歩む選択をしたのだ。

この結果を受けて、キャメロン首相は責任を取って辞意を表明した。二〇一〇年五月一一日に首相に就任してからすでに六年ほどが経過していたが、二〇一五年五月の総選挙で保守党を勝利に導いたキャメロンが任期満了となる二〇二〇年五月まで首相を務めると、誰もが考えていた。それゆえに、当然の辞意表明に多くの者が驚いた。イギリス政治における巨大な地殻変動が、キャメロンを首相の座から引きずり下ろす結果となった。

ＥＵ加盟継続を主張してきた自分ではなくて、新しい首相がＥＵ離脱へ向けて指導力を発揮して、困難な交渉にあたることがイギリスの利益であると考えたのであった。キャメロンは、七月一三日に首相の職を辞して、その後任としてそれまで内務大臣としてキャメロン内閣を六年間支えてきたテリーザ・メイが首相の地位に就いた。「氷の女王」と呼ばれる強靱な意志と、強い指導力を持つメイが首相になることは、考えられる限りでおそらくは最良の結果であろう。

とはいえ、保守党内はもちろん国民の間でも、離脱派と残留派の間で修復しがたい亀裂が生じてしまった。そして、メイ自らも、かつては離脱派寄りの欧州懐疑派（Eurosceptics）として知られていたが、実務家としての性格が強いメイは冷静に国益を計算した結果として、国民投票の直前には残留支持を表明していた。ある程度、離脱派と残留派との双方から信頼される指導者として、今後は保守党の亀裂を修復していかなければならない。

ケンブリッジ大学教授のピーター・クラークは、その著書『イギリス現代史』において、現代のイギリスの難しい政治的争点はほとんどが、ＥＵとの関係に関わるものだと論じている(5)。実際に、一九七五年にハロルド・ウィルソン労働党政権のもとで最初のＥＣ加盟を問う国民投票を行ってから、労働党内でも、保守党内でも、あるいは政党間でも、つねにＥＵをめぐる問題がイギリス政治の最大の争点となってきた。この問題に苦しんだキャメロンは、国民投票の結果として国民が僅差でＥＵ残留を選択することによって、この論争に終止符を打つことができると考えて、危険な賭けに乗ってしまった。そして、キャメロンは見事に悲惨な敗北を喫したのだ。

この国民投票は、キャメロン首相に辞任をもたらしたのみならず、イギリス政治にとっても、さらにはEUの将来や、国際秩序全般にとっても、きわめて重大な影響を及ぼすことになるであろう。それは、イギリスの国家としての危機であり、またEUの危機であり、さらにはリベラルな国際秩序の危機でもある。このことの意味を考えるのが、本書の重要な目的である。

ヨーロッパの複合的危機

それでは、そもそもなぜイギリス国民はEUからの離脱という厳しい道のりを自ら選んだのであろうか。そして、それはどのような意味を持っているのであろうか。

この問題を考える際には、単にイギリスのEUからの離脱という一国の問題として考えるのではなく、ヨーロッパ全体の巨大な政治変動の一因として考える必要がある。また、それを複合的な政治危機としてとらえることが重要だ。それはどういうことであろうか。

二〇一五年一月五日に、アメリカのシンクタンクであるユーラシア・グループが「二〇一五年のトップ・リスク」の一位として、「ヨーロッパ政治」を挙げていた(6)。すなわち、シリア問題や、中国問題、ウクライナ問題以上に、ヨーロッパ政治こそが、世界に巨大な危機とリスクをもたらすという予測であった。そこには、「反EU的な政党が人気を博することになり、何よりも必要な改革の進展を阻害する要因となっている」と記されている。(7)「ヨーロッパ政治」の危機は、多くの人には見えにくく、また実感しにくい。それでは、なぜ「ヨーロッパ政治」はそこまで深刻な危機に陥っているのか。そして、その危機の性質はどのようなものなのであろうか。

確かに、二〇一五年にはギリシャのユーロ圏離脱問題、いわゆる「GREXIT」の問題が紙面を賑わせた。さらにはイギリス総選挙での保守党の予期せぬ単独過半数獲得がイギリスのEU離脱問題に火をつけた。EU各国で反EUを掲げる極右政党が軒並み台頭して、一部では政権与党に加わっている。さらには、EUへの大量の難民の流入が、EUにおける寛容の精神や多様性の尊重という理念を激しく動揺させるようになってきた。

この危機の本質を考えるには、それがヨーロッパにおける複合的な危機であることを理解する必要がある。(8)それは、経済的危機、政治的危機、社会的危機、軍事的危機などの多様な側面が複雑に絡み合っている。したがって、イギリスのEU離脱問題を考える際にも、ユーロ危機以来のEUの経済的危機への対応に対する不満や、主にシリアの国内の政情や「イスラム国（IS）」の活動拡大による大量の難民流入を原因とする社会的不安、ヨーロッパにおける過激派による大規模なテロリズムの勃発、さらには、非民主的で官僚的なEUがイギリス国民の運命を握っていることへの不満やそれに基づくEUの信頼性の低下など、多様な問題が複雑に結びついて、結果としてイギリス国民にEU離脱

を選択させたのだということを、忘れてはならない。(9)

そのようなヨーロッパの複合的危機を、これからイギリスのEU離脱問題を中心に、イギリスとヨーロッパ統合との関係を歴史的に辿りながら見ていくことにしたい。その上で、以下のような視点から、この問題を考えていく。

イギリスにとってのヨーロッパ

これまでもイギリスとヨーロッパとの関係という問題は、多くの歴史家や政治学者の関心を惹きつけてきた。そして、後にも触れるように数多くの優れた研究が蓄積されている。はたしてイギリスはヨーロッパの一部なのであろうか。あるいは、地理的にも、文化的にも、歴史的にも、イギリスとヨーロッパは異なる空間に属しているのだろうか。

この問題について、最も示唆的で最も明快な発言を行ったのが、ウィンストン・チャーチルであった。チャーチルは、一九五一年一二月一七日に、パリにおける英仏首脳会談の席でイギリスの欧州統合計画についての姿勢を問われた際に、次のように答えていた。ヨーロッパとの関係において、イギリスは「それとともにあるが、それに加わることはできないのだ。(10)」すなわちチャーチルは、イギリスが「ヨーロッパとともにある（with Europe）」のであって、「ヨーロッパの一部（of Europe）」ではないと述べようとしたのである。後者については、後に「ヨーロッパのなかのイギリス」という表現が一般的になされるようになる。

このようにして、チャーチルはイギリスとヨーロッパの関係を、二つの異なる概念で説明しようとした。すなわちそれは、「ヨーロッパとともにあるイギリス（Britain with Europe）」と、「ヨーロッパのなかのイギリス（Britain in Europe）」である。前者はEU離脱を主張する論拠となり、後者はEU加盟を主張する論拠となっている。

しばしば、「ヨーロッパ合衆国」の結成を求め、欧州統合運動を指導したチャーチルは、「ヨーロッパ統合の父」とも呼ばれることがある。しかしながら、チャーチルが擁護する「ヨーロッパ合衆国」には、イギリスはその一部として含まれていなかった。チャーチルは、アメリカやソ連とともに、「三大国」の一員であるイギリス帝国はそれを外から支えるべきだと考えていたのだ。

イギリスがヨーロッパと、「ともにある」のか、あるいは「なかにある」のかは、重要な哲学的な問いであろう。そして、戦後のイギリス政治は、この二つの流れによって分裂が起きて、対ヨーロッパ政策にしばしば亀裂が見られるようになる。

だが、同時に、この二つとは異なるもう一つの重要な視点が見られたことにも、留意する必要がある。それは、「イギリスのヨーロッパ（Britain's Europe）」という視点である。[11] 前に述べた二つの視点は、いずれもイギリスとヨーロッパとの関係を考える際に、受け身の姿勢で論じられることが多い。

チャーチルの場合も同様であった。それに対して、この第三の「イギリスのヨーロッパ」というアプローチは、むしろ政府間主義的な、主権国家間の協力関係をイギリスが主導して進めるという考え方に基づいている。

例えば、西欧同盟（Western Union）を設立するために一九四八年三月に調印されたブリュッセル条約や、一九四九年五月に成立した欧州審議会（Council of Europe）、さらに欧州経済共同体（ＥＥＣ）に対抗してイギリスが主導して一九六〇年に設立した欧州自由貿易連合（ＥＦＴＡ）などは、そのいずれにもイギリスが加盟しており、いわば「イギリスのヨーロッパ」に該当するといえるだろう。いずれの場合もイギリスは、設立において主導的な役割を果たして、中心的な大国として参加している。そのような「ヨーロッパ」において、イギリスは主導的で不可欠な構成員として加わっているのだ。しかしそれは、われわれが通常想定している超国家的な「ヨーロッパ」とは異なる主権国家間の協力にとどまっている「ヨーロッパ」なのである。

このようにして、「ヨーロッパとともにあるイギリス」、「ヨーロッパのなかのイギリス」、そして「イギリスのヨーロッパ」という三つのアプローチが、戦後のイギリスとヨーロッパとの関係において見られた。イギリスがヨーロッパの一員であるかどうかを問う際には、そのような三つの異なるアプローチを念頭に置いて考える必要がある。例えば、イギリスは依然として、欧州審議会の加盟国である。他方で、ＥＵに加盟していても、単一通貨ユーロに参加しておらず、また国境での出入国審査なしで各国間を移動できるシェンゲン協定にも加わっていない。また、イギリスはEU加盟国として、あくまでも主権国家間の協力を中心とした政府間主義的な統合となるよう、さらには連邦主義的な動きを阻止するべく、EU内部でこれまで努力を続けてきた。自らの望む「ヨーロッパ」を創ろうと試みたのである。

イギリスの対ヨーロッパ政策をめぐって国内政治的な対立が見られる場合には、それぞれのグループはこの三つのいずれかのアプローチを取る場合がほとんどであった。例えば今回の国民投票のキャンペーンを進める際にも、「離脱派（Brexiteer）」は第一の「ヨーロッパとともにあるイギリス」というアプローチを選択し、他方で「残留派（Bremainer）」は第二の「ヨーロッパのなかのイギリス」というアプローチを選択している。また、EUのなかで改革を進めてそれがイギリスの求める結果を生まなければ離脱するべきだという玉虫色の主張は、第三の「イギリスのヨーロッパ」という主張と重なっている。結果として、離脱派が国民投票で多数となったのは、第三のアプローチ、すなわちより政府間主義的な色彩を強めて、移民流入制限を加え、権限を各国政府に戻すべきだという、「イギリスのヨーロッパ」を支持する人々が、それを実現することが困難だと考えた結果でもあった。

アイデンティティの揺らぎ

イギリスははたしてヨーロッパとどのような関係を構築するべきかという問題はまた、イギリスのナショナル・アイデンティティの根源にも深く関わる問題である[12]。政治学者のアンドリュー・ゲッデスによれば、「イギリスと欧州連合について争点となっているのは、イギリス政治の過去、現在、未来、また世界におけるイギリスの地位、さらには自らのナショナル・アイデンティティの理解についてである[13]。」

イギリスが現在直面している問題は、単にEU加盟か否かということではない。イギリスはナショナル・アイデンティティの危機に直面しているのである。すなわち、EU離脱の問題と、連合国家イギリスの解体という問題が、相互に深く結びついて、同時に押し寄せているのだ[14]。

それゆえに、保守党の重鎮であるマイケル・ヘゼルタイン元副首相は、元ロンドン市長のボリス・ジョンソンによるEU離脱キャンペーンの結果としてイギリスが直面している困難を表現する際に、「私の人生で知る限り、平時における最も巨大な国家分裂の危機（the greatest constitutional crisis in peacetime in my life）」に直面していると語った[15]。今回の国民投票を契機として、連合国家としてのイギリスが解体に向かうという巨大な危機に対して、これからメイ内閣がどのように向き合っていくかは、きわめて難しい問題である。

イギリスのナショナル・アイデンティティは、過去二年ほどの間に、二つのレファレンダムによって揺れ動いてきた[16]。一つは、二〇一四年九月に実施されたスコットランド独立を問うレファレンダムであり、もう一つは二〇一六年六月に行われたイギリスのEUからの離脱を問うレファレンダムである。いずれも、これからの世界でイギリスがどのようなアイデンティティを持つべきかを問いかける、重要な投票であった。前者の結果としてスコットランドの人びとは連合王国に残留する決断をして、後者の結果としてイギリスの人びとはEUから離脱する決断を行った。これらの動きが相互に連関して、複合的に動いている。

とりわけ、近年における新しい動向は、従来の「ブリティッシュ・ナショナリズム」とは異なる「イングランド・ナショナリズム」の動きが見られることである。(17) これは、スコットランド・ナショナリズムに反応して顕在化した新しいイデオロギーともいえる。きわめて強い欧州懐疑主義のイデオロギーと、スコットランドに対抗してイングランドの政治共同体を成立させようとする運動とが結びついて、イングランド独自のナショナル・アイデンティティを主張するのである。

かつてイギリスは、帝国主義のイデオロギーのなかで、多民族主義的で多文化主義的なアイデンティティを持つことがある意味では自明視されていた。そのような多文化主義を否定することは、イギリス帝国の結束を否定することにも繋がりかねない。ところが、植民地が独立して、イギリスが帝国を失ってからは、イギリスのナショナル・アイデンティティは二つの方向へと引き裂かれていった。一方では、ヨーロッパ主義のアイデンティティが若者を中心に浸透していき、他方ではイングランドの排他的なアイデンティティを求める主張が見られてきた。後者のイングランド・ナショナリズムには、かつては政治的なタブーでもあった人種主義的なイデオロギーや、移民排斥のイデオロギーが見られるという特徴がある。連合王国が解体に進むとすれば、それを推し進めるのはスコットランド・ナショナリズムだけではなくて、イングランド・ナショナリズムも一定の役割を担うことになるだろう。

政治学者のダニエル・ウィンコットらの研究に基づけば、このイングランド・ナショナリズムは欧州懐疑主義の台頭と結びついており、国民投票で「離脱」が多数を占めたのもこのせいであるという。[18]いわば、欧州懐疑主義の台頭と拡散を背後で支えていたイデオロギーが、このイングランド・ナショナリズムともいえるだろう。そして、興味深いことに、一九七五年の国民投票のときには連合王国の四つのネーションのなかで、イングランドがスコットランドやウェールズ、北アイルランドと比べて、EC残留に最も多くの投票が集まったのに対して、二〇一五年の世論調査では四つの王国のなかで最も離脱派が多くなっているという。連合王国のなかで、イングランドのみが突出して、欧州懐疑主義が強まっていることが理解できる。

具体的には、一九七五年の時点ではイングランドでは六八・七%が残留に投票したのに対して、二〇一五年の世論調査では残留を望む人は五〇・四%まで下がっている。他方で、スコットランドや北アイルランドでは逆の現象が見られ、とりわけ北アイルランドでは一九七五年には五二・一%が残留に投票したにとどまっていたのが、二〇一五年の世論調査では七五・三%が残留を望んでいる。[19]

イングランドでは、自らのアイデンティティを「ブリティッシュ」と考えている人の方がEU加盟を支持する傾向がある。[20]反対に、自らのアイデンティティを「イングリッシュ」と考えている人たちは、よりEU加盟には批判的であり、さらには移民にも強い抵抗を示している。このようなイングランド・ナショナリズムの台頭こそが、EUからのイギリスの離脱の決断に結びついているのだ。他方で、スコットランドではむしろ、アイデンティティを重層的にとらえるのが一般的であって、さらにはスコットランドへのアイデンティティの帰属が強い層であっても、EU加盟への支持は強く見られる。

このような、ブリティッシュ・ナショナリズムの動揺と、イングランド・ナショナリズムの台頭という、イギリス国内のアイデンティティの揺らぎもまた、EU加盟を問う国民投票に強く影響を及ぼした。グローバル化が進むなかで、経済活動が国境を越えて行われ、また多くの移民がイギリス国内に流入することで、文化的および社会的、さらには宗教的にも、イギリス国民は自らのアイデンティティを再検討せざるを得なくなっている。そのようななかで、人種や宗教の一体性を基礎としたイングランド・ナショナリズムへの帰着が、きわめて強い反EU的な言説や、移民排斥の行動とも結びついていったのである。その運動の帰結が、EUからの離脱だったといえよう。

したがって、EU離脱を選択した国民投票が、スコットランドや北アイルランドの連合王国からの独立の動きと結びつくと同時に、近年見られるイギリスの国民性を問い直す思潮やイングランド・ナショナリズムが、国民投票におけるEU離脱という選択に結びついていったという双方向の相互作用が、重要な意味を持っているのだ。このような、グローバル化とヨーロッパ統合の進展に伴うナショナル・アイデンティティの動揺は、イギリスのみならず、EU加盟国の多くで見られる現象といえるだろう。

欧州懐疑主義の拡散

イギリス国民が国民投票でEUからの離脱を決断した上で、最も重要な要因の一つが、欧州懐疑主義(Euroscepticism)のイデオロギーの台頭であろう(21)。

欧州懐疑派は、EUを非民主主義的な官僚機構で、不要な規制に溢れており、自由主義を抑圧する肥大化した行政機構であって、そのことがイギリスの民主主義や経済成長を阻害していると主張してきた。かつては、イギリスの二大政党や、主要メディアでもあまり大きな影響力を持っていなかったこの欧州懐疑主義のイデオロギーが、いまや『タイムズ』や『テレグラフ』のような高級紙、さらには保守党や労働党のような二大政党という、イギリス政治におけるメインストリームにまで浸透している。

一九八〇年代以降のイギリス政治においては、二大政党間で、さらには政党内でも、欧州懐疑主義のイデオロギーが最大の政治的争点の一つとなってきた。一九八一年に労働党の中心的な政治家四名が離党して社会民主党を結党したのも、そして一九九〇年にマーガレット・サッチャー首相が保守党内の対立から首相の座から退いたのも、さらには一九九七年にジョン・メージャー首相の下での政権を保守党が失ったのも、欧州懐疑派の台頭と、それに起因する党内対立が最も大きな要因となっていた。そして、二〇一〇年に保守党が自由党と連立政権を組んで政権与党の側に立つようになると、デイヴィッド・キャメロン首相にとっての最も頭の痛い問題は、党内のイデオロギー対立をどのように抑制して、保守党としての結束を維持するかであった。

それゆえ、ケンブリッジ大学のジュリー・スミスは、キャメロン政権のヨーロッパ政策は、冷静な国益の計算や長期的な戦略によってではなくて、どのようにして保守党の結束を維持するかという「政党の運営（party management）」によって動かされてきたと論じる。すなわち、「ウィルソンが一九七〇年代にそうであったように、キャメロンが国民投票の実施を公約として宣言したのは、原理原則に基づくものではなく、政党の運営によるものであったのだ。」[22] 政党の利益を国益よりも優先したせいでヨーロッパを混乱させる結果になったとしても、それはそもそもキャメロン首相が意図していたことではなかった。

これまでイギリス外交は、他国の外交と比較したときに、冷静なプラグマティズムに基づいて国益を実現する決断をする場合が多かった。ナサニエル・コプシーとティム・ホートンの研究によれば、

「強まったり弱まったりするイギリスのＥＵへの情熱の中核にあるのは、愛着や情熱や義務感のような感情ではなく、あくまでも『損得勘定』に基づいた経済的な計算なのである。」[23]

そのようなプラグマティズムに基づいた冷静な国益の計算が、何世紀にもわたるイギリス外交の伝統であった。フランスは革命のイデオロギーである共和主義を拡散しようとし、ドイツはナチズムに基づいて外交を展開し、アメリカはデモクラシーに、ソ連は共産主義イデオロギーに基づいて外交を行おうとしたが、イギリスはそのようなイデオロギーに固執することなく、冷静な国益の計算や調整、そして外交的な妥協によって、自らの利益や安全を確保しようと試みてきた。

二〇世紀初頭に外務大臣を務めたエドワード・グレイは、したがって、イギリス外交においては「長期的な視野や、壮大な理念や、巨大な計画」といったものを避ける傾向があると論じている[24]。また、イギリスの外交官であり、外交評論家でもあるハロルド・ニコルソンは、その著書『外交』のなかで、イギリス外交の特徴を次のように描いている。すなわち、「イギリス外交の成功は、それが節度、公正取引、合理性、信用、妥協、およびおよそ不意打ちやきわもの的極端さにたいする不信、などの健全な商業の原則に基づいている事実によって説明できる」のだ[25]。

実際に、一九八〇年代に至るまでイギリス政府は、ヨーロッパ政策を推し進めていく際に、ヨーロッパ統合における連邦主義のイデオロギーに過剰な期待を抱くこともなければ、欧州懐疑主義のイデオロギーに基づいて外交を展開することもなかった。あくまでもイギリスの経済的利益を冷徹に計算した上で、ヨーロッパとの関係を政府内で合理的に検討した結果として、ヨーロッパ政策を立案し、実行していったのだ。

そのように考えると、一九八〇年代以降のイギリス政治における欧州懐疑主義の台頭は、それ自体きわめて興味深く、重要なテーマであることが理解できるだろう。本書では、この問題について、とりわけ第二章で考えていくことにしたい。

ＢＲＥＸＩＴの政治学

これまで見てきたようなイギリス政治における諸問題は、けっしてイギリスの国境の内側にとどまる性質の問題ではない。それらは、多かれ少なかれ、多少異なった様相であれイギリス以外のＥＵ加盟国においても見ることができる。すなわち、それはヨーロッパ政治の危機であり、その一つがイギリスのＥＵ離脱問題だといえる。この趨勢を、イタリア政治が専門の高橋進龍谷大学教授は、次のように述べている。

「ヨーロッパでは一九八〇年代以降の過去三〇年間で急進的な反エリート、反既成勢力、移民排斥、自国民優先と福祉ショーヴィニズム、反イスラムを主張する極右・急進右翼政党が劇的に勢力を拡大してきた。一部の国では、それらの政党が穏健化戦略を採用し、選挙で成功し、政権に参加するに至っている。その政策と主張、行動、スタイルは従来の『極右』という概念よりも、ポピュリズムという概念で捉える方が的確に分析できるという見方が広がっている[26]。」

これは、過去三〇年間のイギリス政治の潮流とも非常によく重なっている。グローバル化の時代におけるナショナル・アイデンティティの危機、ヨーロッパ統合とナショナリズムの衝突、ポピュリズムによる政党政治の変化など、ＥＵ加盟国の多くに見られる趨勢が、国境を越えて連鎖して、各国で台頭している。そのようなヨーロッパ政治の変化を理解することで、イギリスのＥＵ離脱問題もより深く理解できるであろう。

本書では、そのような現代ヨーロッパ政治の複合的危機を、イギリスのＥＵ離脱へ向かう道筋を辿ることで、歴史的な視点から考えていくことにしたい。イギリス政治の変容、ヨーロッパ統合、そしてグローバル化の進行という、三つのレベルでの政治の潮流の変化が、相互作用を及ぼすことで現代のイギリスが抱える問題を生みだしているのだ。それではまず、イギリスと戦後ヨーロッパとの関係の歴史を概観することにしよう。

（1） Prime Minister David Cameron's Speech on EU referendum outcome, 24 June 2016. https://www.gov.uk/government/speeches/eu-referendum-outcome-pm-statement-24-june-2016.

(2) Ibid.

(3) Ibid.

(4) Ibid.

(5) ピーター・クラーク『イギリス現代史―一九〇〇―二〇〇〇』市橋秀夫・椿建也・西沢保訳（名古屋大学出版会、二〇〇四年）四三四頁。

(6) "Eurasia Group publishes Top Risks 2015", 5 January 2015, https://www.eurasiagroup.net/media/eurasia-group-publishes-top-risks-2015. また、田中俊郎「揺れるＥＵ」『国際問題』第六五一号（二〇一六年）一頁参照。

(7) "Eurasia Group publishes Top Risks 215".

(8) このように、現在のヨーロッパの危機を複合的危機としてとらえる視点は、細谷雄一「『ヨーロッパ危機』の本質―内側からの崩壊を止められるか」『中央公論』一〇月号（二〇一六年）八六―一〇〇頁で詳しく論じている。同様の視点は、遠藤乾「ＥＵの憂鬱―欧州複合危機の行方」『外交』第三五号（二〇一六年）九〇―九九頁を参照。

(9) このようにして、イギリスの国民投票とＥＵ離脱問題について、ＥＵにおける危機の複合的性質に注目してＥＵ研究の視点から論じた研究としては、Anand Menon, "Divided and Declining? Europe in a Changing World", *Journal of Common Market Studies*, Vol.52 Annual Review (2014), pp.5-24; Olaf Cramme and Sara B. Hobolt, "A European Union under Stress", in Olaf Cramme and Sara B. Hobolt (eds.), *Democratic Politics in a European Union under Stress* (Oxford: Oxford University Press, 2015), pp.1-15 などを参照。

(10) 細谷雄一「ウィンストン・チャーチルにおける欧州統合の理念」『北大法学論集』第五二巻第一号（二〇〇一年）、一〇八頁、および、細谷雄一「歴史のなかのイギリスとヨーロッパ」細谷雄一編『イギリスとヨーロッパ―孤立と統合の二百年』（勁草書房、二〇〇九年）二頁。

(11) この視点については、細谷「歴史のなかのイギリスとヨーロッパ」九―一一頁で詳しく論じている。

(12) 近年、ＥＵ離脱問題や、スコットランド独立問題との関係で、イギリスのナショナル・アイデンティティを重層的に再検討する研究がいくつも見られている。例えば、総論的な論考として、Andrew Gamble and Tony Wright, "Introduction: The Britishness Question", in Andrew Gamble and Tony Wright (eds.), *Britishness: Perspectives on the British Question* (Oxford: Blackwell, 2009), pp.1-9 および、Anand Menon, Rachel Minto and Daniel Wincott, "Introduction: The UK and the European Union", *The Political Quarterly*, vol.87, no.2 (2016), pp.174-178を参照。いずれもイギリスの政治学専門誌の『ポリティカル・クオータリー』の特集号の所収論文であり、イギリスの政治学においても現在はこの「ブリティッシュネス」の問題が重大な学問的課題として検討されているといえる。また、日本語文献でも、小堀眞裕「英国におけるナショナル・アイデンティティ論—どういう意味での『再国民化』論が可能か」高橋進・石田徹編『「最国民化」に揺らぐヨーロッパ—新たなナショナリズムの隆盛と移民排斥のゆくえ』（法律文化社、二〇一六年）一二五—一四四頁が、この問題に関する近年の議論を整理した優れた概説である。

(13) Andrew Geddes, *Britain and the European Union* (Basingstoke: Palgrave, 2013), p.1.

(14) このように、イギリス連合分裂の問題と、イギリスのEU離脱の問題という二つの問題を連続した一つの問題として結びつけて考える研究成果として、Rachel Minto, Jo Hunt, Michael Keating and Lee McGowan, "A Changing UK in a Changing Europe: The UK State between European Union and Devolution", *The Political Quarterly*, vol.87, no.2 (2016) pp.179-186を参照。また、近年の連合王国における分権と独立へ向けた動きについては、例えば、梅川正美・力久昌幸「イギリスは分裂するのか—地域分権とイギリスの将来」梅川正美・阪野智一・力久昌幸編『現代イギリス政治〔第二版〕』（成文堂、二〇一四年）六二—八〇頁。

(15) Jessica Elgot, "Lord Heseltine Slams Boris Johnson for 'Abandoning His Army'", *The Guardian*, 30 June 2016, http://www.theguardian.com/politics/2016/jun/30/lord-heseltine-slams-boris-johnson-abandoning-army.

(16) この二つのレファレンダムを総合的に論じたもの

として、John Curtice, "The Coalition, Elections and Referendums", in Anthony Seldon and Mike Finn (eds.), *The Coalition Effect, 2010–2015* (Cambridge: Cambridge University Press, 2015), pp.577–597を参照。

(17) この「イングランド・ナショナリズム」については、Ben Wellings, *English Nationalism and Euroscepticism: Losing the Peace* (Oxford: Peter Lang, 2012); Richard English, Richard Hayton and Michael Kenny, "Englishness in Contemporary British Politics", in Gamble and Wright (eds.), *Britishness*, pp.122–135; Alisa Henderson, Charlie Jeffery, Robert Liñeira, Roger Scully, Daniel Wincott and Richard Wyn Jones, "England, Englishness and Brexit", *The Political Quarterly*, vol.87, no.2 (2016) pp.187–199などを参照。

(18) Wincott *et al.*, "England, Englishness and Brexit", p.198.

(19) Ibid., p.190.

(20) Ibid., pp.195–198.

(21) 欧州懐疑主義については、近年優れた研究成果がいくつか刊行されている。主なものとして、Cécile Leconte, *Understanding Euroscepticism* (Basingstoke: Palgrave, 2010); Cesáreo Rodriguez-Aguilera de Prat, *Euroscepticism, Europhobia and Eurocriticism: The Radical Parties of the Right and the Left vis-à-vis the European Union* (Bruxelles: Peter Lang, 2012)。また、イギリスにおける欧州懐疑主義の台頭を学術的に論じたものとして、Anthony Forster, *Euroscepticism in Contemporary British Politics: Opposition to Europe in the Conservative and Labour Parties since 1945* (London: Routledge, 2002); David Baker and Pauline Schnapper, *Britain and the Crisis of the European Union* (Basingstoke: Palgrave, 2015) を参照。

(22) Julie Smith, "Europe: The Coalition's Poisoned Chalice", in Seldon and Finn (eds.), *The Coalition Effect, 2010–2015*, p.396.

(23) Nathaniel Copsey and Tim Haughton, "Farewell Britannia? 'Issue Capture' and the Politics of David Cameron's 2013 EU Referendum Pedge", *Journal of Common Market Studies*, vol.52, no.1, Annual Review (2014), p.75.

(24) 細谷雄一「歴史としてのイギリス外交—国際体制の視座から」木畑洋一・佐々木雄太編『イギリス外交史』(有斐閣、二〇〇五年)二頁。
(25) ハロルド・ニコルソン『外交』斎藤眞・深谷満雄訳(東京大学出版会、一九六八年)一二七頁。
(26) 高橋進「まえがき」高橋進・石田徹編『ポピュリズム時代のデモクラシー—ヨーロッパからの考察』(法律文化社、二〇一三年)i頁。

第1章　戦後イギリスとヨーロッパ統合

ヨーロッパのなかのイギリス

イギリスにとってヨーロッパ統合とは何だったのであろうか。

ドイツやフランスにとってのヨーロッパとは異なり、イギリスにとってヨーロッパ統合は、国内世論を分裂させ、保守党と労働党という国内の二大政党を混乱させる、戦後最大の政治問題の一つであった。また、一九四〇年代から五〇年代にかけてのイギリスとフランスのヨーロッパ統合をめぐる確執や、一九六〇年代に独仏関係が強化されるなかでのイギリスのＥＥＣ（欧州経済共同体　European Economic Community）加盟問題は、「ヨーロッパ」の性質がどのようなものになるかを規定する上で、重大な意味を持っていた。

確かにイギリスは、これまで何人ものイギリス人研究者が語ってきたように、ヨーロッパの他の国々にとって「やっかいなパートナー（awkward partner）」であり、また「乗り気でないヨーロッパ人（reluctant Europeans）」であった[(1)]。しかしここでは、イギリスのヨーロッパ統合への消極的な姿勢を批判するのではなくて、過去半世紀におよぶイギリスと統合ヨーロッパとの関係を概観することで、両者の関係により、いかにして戦後ヨーロッパが構築されてきたのかを検討することにしたい[(2)]。あるときにイギリスは大陸諸国と協力し、あるときには敵対した。また、ヨーロッパのなかには多様なイデオロギーや、政治的主張、国益が混在しており、イギリスがどのように行動するかによって、ヨーロッパ全体もまた大きな影響を受けてきた。

さらにイギリス、フランス、ドイツはそれぞれ異なるヨーロッパ統合観を持っており、それらがどのように衝突し、調整され、また総合されていったのかを理解することも重要である。あるべきヨーロッパ統合のゴールは、最初から決まっているわけではないし、そこに至る道筋や速度も多様である。そのうちのどれを選ぶのかについて、それぞれの政府が交渉しあい、妥協をするなかで、前進をしてきたのだ。

その上で、一九五〇年代半ば頃から次第に関係が強化されていく独仏関係をヨーロッパの中核と位置づけ、その両国とイギリスがどのような関係を模索していたのかを、まず検討していきたい。とりわけ、イギリスのヨーロッパ政策においては、ウィンストン・チャーチルやエドワード・ヒース、あるいはマーガレット・サッチャーという政治指導者個人がきわめて重要な役割を担っている。ここではそのような政治指導者に注目しながら、戦後半世紀におよぶイギリスとヨーロッパ統合との関係を概観することにしたい(3)。本章では主として戦後初期から一九七三年のイギリスの欧州経済共同体加盟までを中心に論じた上で、現在までの半世紀を見ていくことにする。

チャーチルの「欧州合衆国」構想

イギリス国内で、早い段階から積極的にヨーロッパ統合の意義を説いてきた人物は、第二次世界大戦の英雄、ウィンストン・チャーチルであった(4)。チャーチルは早い段階から、ヨーロッパ大陸の平和を確立させるためにヨーロッパ統合が不可欠であることを認識していた。一九三〇年のアリスティード・ブリアン仏外相の「欧州合衆国」構想に賛意を示した数少ないイギリス人でもあった。

チャーチルは以前から、オーストリアのリヒャルト・クーデンホフ＝カレルギー伯爵と親交があった(5)。クーデンホフ＝カレルギーは、ヨーロッパ統合運動を牽引した初期の代表的存在であった。そのようななかで、一九四二年にチャーチルは、次のように外相のアンソニー・イーデンに語っていた。「私は、自らの思考をまず最初にヨーロッパに置いているということを認めねばならない。すなわち、ヨーロッパの栄光の再生である。近代国家と文明の母なる大陸である。もしもロシアの野蛮主義が、古きヨーロッパの国々の独立と独自の文化を脅かすのであれば、それは計り知れない災厄となるであろう。今すぐにいわねばならない。ヨーロッパという一つの家族は、欧州審議会（a Council of Europe）のもとに共同することができると、私は信じている。(6)」

チャーチルのヨーロッパ統合構想は、二つの前提から成り立っていた。第一に、それは文明論的なヨーロッパであり、反共主義的なヨーロッパであった。(7)あくまでも冷戦という文脈のなかでヨーロッパ大陸の文明を守るため、チャーチルはヨーロッパ統合の緊急の必要性を訴えたのだ。それゆえに、一九四六年三月のアメリカのフルトンで行われた「鉄のカーテン」演説と、同年の九月にスイスのチューリヒで行われた「欧州合衆国」演説は、同じ目的を持った演説であった。

第二に、チャーチルの世界秩序構想は、「世界平和の四つの柱」によって成り立っており、彼は統合されたヨーロッパはその柱の一つとなるべきだと考えていた。(8)それ以外の三つの柱は、「アメリカ合衆国」、「イギリス帝国と英連邦諸国」、そして「ソ連」であった。この四つの柱のなかでも、最も弱い柱が「統一ヨーロッパ」であり、それと最初の二つが「大同盟（Grand Alliance）」を組むことで、チャーチルはソ連の脅威に立ち向かえると考えていた。それは同時に、勢力均衡的な発想でもあった。

一九四六年九月の「欧州合衆国」演説においてチャーチルは、「これから、諸君を驚かせることを話そう」と語った。つまり、「ヨーロッパの家族を再び創り出すための最初のステップは、フランスとドイツとの間の協調でなければならない。」そしてそのための「最初のステップは、欧州審議会の設立」である。[9] このようにして、チャーチルの名前は戦後初期のヨーロッパ統合を求める市民運動と、深く結びつくことになった。

チャーチルは第二次世界大戦中から、「欧州審議会」の構想を示してきた。一九四三年に「国連構想（United Nations Plan）」がイギリス外務省内で構想されるなかで、チャーチルは、「欧州審議会」や「アジア審議会」などの「地域審議会（Regional Councils）」から成り立つ「世界審議会（World Council）」を構築しようと試みた。[10] チャーチルの構想は、基本的に、主権国家を維持したままの政府間協力としてのヨーロッパ統合だったのである。そのような構想に基づいて、一九四八年五月にはハーグで「欧州会議（Congress of Europe）」が開かれて、翌一九四九年五月には欧州審議会が成立した。[11]

英仏関係における協調と対立　一九四七―一九五四年

（1）英仏協調としての世界「第三勢力」構想

一九四五年七月、イギリス総選挙ではクレメント・アトリー率いる労働党が圧倒的な勝利を収めて、アトリーを首相とする労働党政権が成立した。この内閣では、労働組合指導者で、チャーチル戦時連立政権の労働大臣であったアーネスト・ベヴィンが外相となる。ベヴィンにとって、荒廃したヨーロッパ大陸でどのように新しい秩序を形成するかということが、重大な外交課題となった。外相就任間もない一九四五年八月一三日、外務省内で幹部を集めて、ベヴィンは自らの外交についての考えを伝えた。そこでベヴィンが論じたのは、自らの強い親仏的な感情、そして「西欧ブロック」成立の必要性だった[12]。そのような考えは、一九四七年三月の英仏友好条約（ダンケルク条約）の締結や、一九四八年一月二二日のベヴィンの下院演説にも、明瞭に現れている。一九四五年から四九年まで、イギリスの対外政策は、ベヴィンの親仏的な感情を背景に、フランスとの間の協調関係を軸に考えられていた。それは、孤立主義的なアメリカ外交の伝統と、次第に敵対的となるソ連の外交を考慮に入れたときに、やむを得ぬ選択肢でもあった。英仏協調こそが、戦後イギリス外交の選択すべき路線であると考えられたのだった。

ベヴィン外相は、一九四七年一二月のロンドン外相理事会が決裂して、英米仏ソの四カ国による大国間協調が行き詰まると、翌一月には新しいアプローチによって、戦後ヨーロッパの安全と復興を目指すようになる。それは、世界における「第三勢力（the third force）」としての「西欧同盟（Western Union）」の創設であった。ベヴィンは、「イギリス対外政策における第一目的」と題する重要な極秘外交文書において、「何らかのかたちでの西欧同盟の形成」を目指す方針を明らかにした。というのも、「イギリスにおいて、われわれはもはやヨーロッパの外側に立つことはできないし、またわれわれの問題と地位が、近隣欧州諸国のそれとは切り離されたものだと主張することはできない」からだ[13]。

歴史家のジェフリー・ウォーナーは、「ベヴィンの『西欧同盟』構想は、例えば、ジャン・モネの欧州連邦構想と等しく賞賛に値するものである」と書いている。またベヴィン外相の首席秘書官であったロデリック・バークレイは、「アーニー（ベヴィンの愛称）は、いつも西ヨーロッパの統一性の断固たる信奉者で、その必要を数々の演説で述べていた」と記憶する。[14]

ベヴィンはなによりも、フランスとの協調を最優先しており、また西欧諸国との結束を重要視していた。その帰結が、一九四八年三月の西欧五カ国によるブリュッセル条約の調印と、それに続く、西欧同盟としての共同防衛体制の成立であった。

とはいえベヴィンは、感情的な理由に支配されて外交を動かしていたわけではない。彼はまたプラグマティストでありリアリストでもあった。次第に強大化し現実化する共産主義勢力の軍事的脅威や、西欧諸国内での共産主義クーデターの可能性を視野に入れながら、より強大な枠組みが必要であることを、よりいっそう確信するようになる。アメリカとの同盟という選択肢である。

一九四七年一二月の時点では、孤立主義的な傾向の強いアメリカとの同盟の可能性は、きわめて低かった。アメリカとの同盟形成が難しいという前提の上で、西欧同盟の枠組みをベヴィンは優先していた。ところが、一九四八年二月のチェコスロヴァキアでのクーデターや、五月の西ベルリン封鎖にはじまるベルリン危機によってベヴィンは、アメリカ政府に軍事同盟締結の必要性を訴えることになる。[15] こうして、イギリス政府は次第に、アメリカとの同盟を構築することを最優先に位置づけるようになる。

他方、同じ時期の一九四八年五月には、オランダのハーグで「欧州会議」が開催され、ヨーロッパ中から八〇〇名を超える著名な政治指導者や知識人らが集まった。それは壮観であった。これらの人々は、何よりも、ヨーロッパ統合の理念、そして「欧州合衆国」成立へ向けての情熱を共有していた。結局この会議では、連邦主義的な性質を持つ「欧州議会（Assembly）」の設立を求める決議を採択して、新しい巨大な波を起こすことになった。その新しい波により、フランス政府は次第に、超国家的なヨーロッパ統合の枠組みのなかでドイツと協力する必要性を認識するようになっていく。これはフランス外交の大きな転換だった。(16)


はたしてイギリスは、アメリカを含めた大西洋同盟を外交の基軸に置くべきか。あるいは、英仏協調を軸とした「西欧同盟」を最優先すべきか。一九四九年春から秋にかけてイギリス政府内では、英仏関係を中核とした「第三勢力」論としての西欧同盟から、英米関係を中核とした大西洋同盟へと、イギリス外交の基軸を変更する重要な決定がなされた。(17)これに伴い、ヨーロッパ統合への熱意がさめていき、対米関係の強化を外交目標とするようになるのである。

他方でフランス政府は、一九四八年夏から一九四九年春にかけての「欧州審議会」設立をめぐる英仏交渉のなかで、イギリス政府が連邦主義的なヨーロッパ統合を進めるつもりのないことを察知した。この時期にフランスの外相が、かつてドイツ国籍を持っていてドイツ語を母国語のように話すロベール・シューマンとなったことで、フランスの対独政策に一定の変化が見られるようになる。

一九四九年三月、欧州経済協力を協議するために、フランス政府経済近代化計画の責任者であるジャン・モネがロンドンを訪問した。ロンドンでモネは、イギリス政府高官に向かって、「最終的な目標を、英仏経済の合併としなければ、合意に至ることはできない」と情熱的に提言した。モネはこの時期にはまだ、「欧州連邦への最初の一歩となることが期待される、新しい英仏連合構想」を放棄してはいなかった[18]。モネはかつて、一九四〇年には自らが中心的な役割を担い、英仏「共通市民権」構想を起草していた。フランスの戦後外交にとって、イギリスとの協力関係はきわめて重要な前提となっていた。

ところがモネの情熱を前にして、イギリス側の交渉責任者の財務省のエドウィン・プロウデンは、そのような「英仏経済の合併」については否定的な態度を示した。これを聞いてモネは、英仏関係を軸に経済統合を進めることは不可能だと考えるようになる。これは決定的な瞬間であった。モネは自らが構想した英仏連合を軸としたヨーロッパ統合構想を放棄して、新しい可能性を模索しなければならなくなった。プロウデンはこの英仏交渉を、英仏を軸としたヨーロッパ統合を進める上での「失われた機会」だったと、後に回顧している[19]。フランスは、イギリスとは異なる道を歩みはじめた。

(2) シューマン・プラン――英仏協調から仏独協力へ

「五月九日」は、現在では「ヨーロッパの日」とされている。というのも、一九五〇年のこの日に、現在の欧州連合に繋がる画期的な統合構想が発表されたからである。これを重要な契機として、ヨーロッパは新しい段階へと進むことになった。

その歴史の中心に位置したのが、ジャン・モネと、フランス外相のロベール・シューマンであった。この構想を起草したフランス計画庁長官のモネは、自らの計画を成功させるためにも西ドイツ政府との協力を求めるようになっていた。五月四日にジョルジュ・ビドー仏首相とシューマン外相にこの計画の動機と概要を知らせるメモランダムを渡し、シューマンからは力強い賛同の返答を得た。

その後、五月八日にシューマン外相の特使をボンに送り、直接コンラート・アデナウアー西独首相にモネの構想を知らせることになった。アデナウアー首相から同意の意向を得られると、シューマン外相は五月九日の演説のなかで、「ヨーロッパ諸国が一つになるためには、ドイツとフランスの一世紀におよぶ敵対関係を一掃しなければなりません」と、仏独協力を推し進める確固たる意志を述べることになった[20]。このシューマン・プランは、現在に続くヨーロッパ統合の出発点とみなされている。

この演説のなかで、シューマン外相は具体的な統合のアプローチを示すことになった。そこでは、「共通の最高機関の管理下」に、「フランスとドイツの石炭および鉄鋼の生産すべて」を置くことになり、「石炭と鉄鋼の生産を共同管理することにより、ヨーロッパの連邦化に向けた第一歩となる画期」

を目指す。そして、「このようにして取り結ばれる生産の連帯によって、仏独間のいかなる戦争も想像すらできなくなるだけでなく、実質的に不可能となる」と語ったのである。(21) シューマン・プランにおける歴史的重要性の一つは、このようにして仏独協力を進めることで、「戦争を不可能にする」ことであった。

シューマン・プランにおいて英仏関係の重要性は、二義的なものにすぎなかった。イギリスのベヴィン外相も、シューマン・プランの発表を聞いて、「われわれ二国の間で、何かが変わってしまったと思う」と率直な感想を漏らしていた。(22) 経済史家のアラン・ミルウォードによれば、そもそもシューマン・プランは「西ヨーロッパにおける英仏協調の終焉を意味するかもしれないということを、十分に認識した上でつくられた」ものであった。(23)

イギリス政府にとってシューマン・プランは、「大西洋同盟から離れてしまい、欧州連邦へと向かってしまう、好ましからざる傾向が見られる」ものであった。(24) さらに重要な点は、モネの計画の「さらなる動機として、対外政策の領域で、フランスのイニシアティブを発揮できることへの希望が見られる」ことであった。(25) つまりフランスはこのシューマン・プランを通じて、「戦争を不可能にする」ような「欧州連邦」をつくると同時に、「フランスのイニシアティブ」を発揮して、フランスこそがヨーロッパ統合におけるリーダーとなることを意図していたのである。実際にモネは、一九五〇年九月三日のルネ・プレヴァン首相宛の書簡の中で、「最終的には、フランスはヨーロッパのリーダーとなる」と明言していた。(26) ヨーロッパ統合は、フランスが国際経済におけるリーダーシップを回復するためのプロジェクトでもあったのだ。

シューマン・プランは、ヨーロッパ統合をめぐるイギリスのリーダーシップの限界を示すと同時に、ヨーロッパ統合が英仏協調ではなく仏独協調によって行われることになる大きな転機となった。欧州経済協力機構（OEEC）初代事務総長のロベール・マジョランは、次のように語る。「一九四七年から五〇年までの間に、もしイギリスが本当にヨーロッパ統合を望んでいたのであれば、イギリスは何の問題もなくそれを成し遂げることができたであろう。フランスはそれを支持したであろうし、他の西欧諸国もしたがったであろう。これは、失われてしまった機会なのである。(27)」またジェフリー・ウォーナーによれば、「もしベヴィンがもう少し柔軟性と理解を示していたならば、欧州共同体は、仏独枢軸ではなくて、英仏協調を軸にして発展したかもしれなかった」のだ。(28)

（3） 政治統合の蹉跌

イギリス政府は六月二日の閣議により、このシューマン・プランに基づくヨーロッパ統合計画に参画しないことを決定した。(29) さらには、一九五〇年一〇月二四日にフランス国民議会で発表された、「欧州軍」設立構想としてのプレヴァン・プランにも、イギリス政府は参加しない意向であった。このプレヴァン・プランもまた、シューマン・プラン同様にジャン・モネの構想によるものであった。

モネのなかでは、この二つの構想は連続したものであった。すなわち、フランスのリーダーシップの回復である。

一九五〇年から五四年までのヨーロッパの国際政治は、いかにして仏独両国を中核とした連邦主義的なヨーロッパ統合を保守するか、そしていかにしてドイツ再軍備を実現させるか、という二つの問題が連関するなかで、行き詰まりを迎えていた。ドイツ再軍備は、フランス国民に過剰な警戒心を抱かせるため、シューマン・プランを破綻させかねなかった。他方で、英米両国がこれらの一連のヨーロッパ統合構想を支援することは不可欠であり、それによって西欧諸国の安全保障が確保されることが重要であった。英米両国政府は、可能な限り早く西側防衛体制を強化するためにも、フランス政府のイニシアティブによって一九五二年五月に調印された欧州防衛共同体（European Defence Community: EDC）条約の早期批准と発効を、強く求めるようになる。ところがフランス世論は、ドイツ再軍備には否定的な声が強く、フランス国民議会でドイツ再軍備計画が批准される見通しはなかったのである。

一九五一年一〇月、チャーチル保守党政権の成立によって、イギリスではアンソニー・イーデンが外相の座に返り咲いた。外交経験が豊富で、高い評価を得ていたイーデンは、これら一連の問題を解決することを、ヨーロッパの安全保障を確保する上で不可欠な前提条件と考えていた。[30] さらには、積極的に仏独協力を中核とするヨーロッパ統合を支援して、イギリスがそれと「連合（association）」関係をつくることを目指していた。

一九五四年八月三〇日のフランス国民議会で、プレヴァン・プランによる「欧州軍」構想が拒否されたことにより事態は深刻化した。これによって仏独両国間で相互不信が強まる懸念が生じ、それまで進めてきたヨーロッパ統合計画が行き詰まることも考えられた。そこでイーデン外相は、仏独協力を発展させるためにも、ＮＡＴＯの枠組みのなかで安定的にドイツ再軍備を実現させることを目指した。それによってフランス国民の恐怖心を招くことなく、西ドイツは西側防衛体制に組み込まれた。このことこそが、独仏枢軸が後に発展する重要な前提となる。

独仏枢軸を前にして　一九五四―一九六三年

(1)「独仏枢軸」の形成

一九五四年にドイツ再軍備問題が解決し、五五年に西ドイツが西側防衛体制に組み入れられたことは、独仏枢軸が成立する重要な背景であった。そもそも一九五〇年五月にシューマン・プランによる仏独統合計画が発表されてからも、フランス国民の間に広く浸透している対独脅威認識はすぐさま消え去ったわけではない。そのことは、一九五四年八月の仏国民議会でのＥＤＣ条約批准拒否に端的に示されていた。イーデン英外相の外交手腕により一九五四年秋から五五年春にかけてドイツ再軍備問題が解決すると、西側同盟は十分な防衛体制を構築することが可能となった。その転機が、ドイツ再軍備と西ドイツのNATO加盟に合意した一九五四年一〇月のパリ協定であった。そのため、フランスの歴史家ジョルジュ＝アンリ・ストゥーは、「一九五四年」の合意こそが、「仏独二国間の本質的な緊密さの起点」であると語っている。[31]

一九五五年になると、前年のパリ協定に基づいた仏独協調の空気のなかで、新しいヨーロッパ統合のイニシアティブが示されるようになる。それが、六月のメッシーナ会議であった。この会議は、ベルギーのポール＝アンリ・スパーク外相のイニシアティブによるものであり、従来のモネの連邦主義的なアプローチとイギリス的な政府間主義的アプローチを総合することで、ヨーロッパ統合の「再出発」を目指したものであった。そこには、欧州石炭鉄鋼共同体（ECSC）に参加している六カ国が集まっていた。この会合で六カ国政府は、「域内関税や数量規制を廃止したヨーロッパの共同市場樹立」を統合を進めていく上での「ゴール」と設定する決議を採択した。[32]このメッシーナ決議に基づいて、スパーク外相を委員長とする委員会（スパーク委員会）が設立され、「共同市場」設立へ向けて外交努力がなされる。

当初はスパーク委員会にオブザーバーを派遣していたイギリスであったが、結局一九五五年一一月に、この「共同市場」には参加しないことを閣議で決定する。[33]イギリス政府にしてみれば、前年のEDCの破綻の経験からも、このような野心的なヨーロッパ統合計画が実現するとは思えなかった。それ以前にイギリス政府内では、外相のハロルド・マクミランを中心に、仏独中心のヨーロッパ統合計画に対する強い不信感と警戒感が見られていた。[34] 商務相のピーター・ソーニクロフトが端的に述べるように、「共同市場が成功するか失敗するかをどう分析したところで、われわれ抜きの共同市場などいずれにせよ受け入れられないのは、明らかである。[35]」他方で、一九五五年一〇月にジャン・モネによって新たに設立した欧州合衆国行動委員会は、「原子力エネルギーの平和的目的の開発」を目指し新たなイニシアティブを発揮していた。[36] イギリス政府は、冷戦戦略や中東戦略に外交の比重を置いている一方、ヨーロッパ統合の新しい動きには十分な注意を払わずに、むしろ経済省庁まかせの実務的な対応のみにとどまっていた。

一九五六年秋、英仏両国政府がイスラエルと手を組んで、スエズ運河の奪取とエジプトのナセル政権の打倒を目指して、エジプトに軍事攻撃を仕掛けるようになる。これがスエズ戦争である。このときのフランスの首相は、親英的なギ・モレであった。モレは、反独的な姿勢から、一九四〇年代末より一貫して英仏中心のヨーロッパ統合を求めていた。したがって一九五〇年のシューマン・プランについても、それがイギリスを排除してドイツと手を組むことから批判的であった。[37] モレは英仏協力の強化を望んでおり、スエズ危機をめぐって両国関係が緊密化していた一九五六年夏には、フランスのコモンウェルス加盟までをイギリス政府に要請している。[38]

英仏両国政府の主導したエジプトへの軍事攻撃が一〇月三一日に開始されると、当初のイギリス政府の予想に反して、アメリカ政府は強硬な反対と批判を展開した。それを見て結局イーデン首相は、一週間後の一一月六日に軍事攻撃の停止を閣議で決定する。[39] それはイギリスの衰退を象徴する出来事となる。フランス政府はそのまま軍事攻撃を続行する意向であったのに、アメリカの反対によりイギリスが一方的に作戦を中止したことに憤慨した。フランス政府から見れば、フランスに敵対してソ連と共同で武力行使停止の国連安保理決議を求めるアメリカも、フランスに背を向けてアメリカに従うイギリスも、運命をともにできる同盟国とは思えなかった。

これ以降、ギ・モレ首相はそれまで以上に、統合体としての「ヨーロッパ」を構築してアメリカと対等な関係を築く必要を感じるようになる。一一月一三日のアデナウアー西独首相宛の書簡のなかで、彼は欧州原子力統合の問題に触れながら、「対等な立場でヨーロッパとアメリカの関係を発展させる必要がある」と述べている。フランスの歴史家ピエール・ギエンによれば、このときからフランス政府は、それまで以上に欧州共同体への関与を強めるようになり、西ドイツに接近するようになる。[40]

スエズ戦争をめぐる英仏の亀裂は、その後の英仏両国の運命を大きく規定することになった。フランス政府は、それまで躊躇していた西ドイツとの協力を前提とした「欧州共同体（European communities)」構築へと大きく一歩を踏み出す。他方でイギリスは、一九五七年一月、親仏的なイーデンの首相辞任と、アメリカ人の母を持つハロルド・マクミランの首相就任を大きな転機として、アメリカとの関係の緊密化に専念するようになる。このときのイギリス駐仏大使で、親仏的なグラッドウィン・ジェブは、この転機について、次のように回顧している。「これ以降、フランスがよりいっそう西ドイツへと向かうのは、あまりにも明らかであった。イギリスのリーダーシップによる英仏協調の時代は、終わってしまったのだ。[41]」フランス政府は、イギリスの行動に失望したのである。

フランスの歴史家ジェラール・ボシュアの指摘する通り、一九五六年一一月のスエズ戦争の挫折は、アメリカ依存への嫌悪感、イギリスへの不信感、そして独仏枢軸の必要性をフランス国民に示すことになり、それによりフランス政府をローマ条約調印へと急がせることになった。[42] 一一月六日、ちょうどイーデン英首相がスエズでの軍事行動停止を決定した同じ日に、フランスのモレ首相とクリスチャン・ピノー外相が、パリの首相官邸にてアデナウアー西独首相と会談を行っていたことは、実に象徴的である。スエズとハンガリーで混乱が続くなかで、仏独両国首相が「ヨーロッパ」を構築する決意と、仏独関係を強化する必要を確認しあっていた。アデナウアーは、「今こそヨーロッパをつくらねばならないのです！」とモレに向かって語った。[43] この一一月六日の独仏首脳会談は、独仏枢軸が成立する上での重要な契機となったといえる。

(2) マクミランの「大構想」

一九五七年一月にイギリス首相に就任したハロルド・マクミランにとって、仏独両国が中心となるような「共同市場」構想は、ヨーロッパの将来にとって危険な構想であり、阻止すべき動きであった。

財務相時代の一九五六年九月、マクミランは「G計画」と呼ばれる政府間主義的な西欧全体を包み込むヨーロッパ統合構想を考案していた。[44]

それは、あくまでもイギリスがリーダーシップをとる、「自由貿易地域（FTA）」としてのヨーロッパであり、関税撤廃品目から農業産品は除外しており、また共通関税も設けない、限定的な政府間協力にすぎなかった。一九五七年二月には実際の外交交渉の舞台において、マクミランはこの構想をOEECへのメモランダムとして関係諸国に対し明らかにする。[45]これは、独仏枢軸による超国家的なヨーロッパ統合を破綻させて、代わりにイギリスが指導的地位に立つことで全欧州的な政府間主義的ヨーロッパ統合をもたらそうとするマクミランのヨーロッパ統合構想であった。[46]

ところが、当初のマクミランの想定に反して、西ドイツのアデナウアー首相はこのイギリス政府の誘導に惑わされることなく、「共同市場」成立へ向けて前進していた。一九五七年三月に、ECSC加盟六カ国により、欧州経済共同体（EEC）と欧州原子力共同体（EURATOM）を設立するためのローマ条約が調印される。このローマ条約調印は、現在のEU成立に至る上での重要な出発点であると同時に、独仏枢軸が成立する上での基礎となっていた。[47]そして翌一九五八年には、EEC加盟六カ国は、イギリス政府の進める「自由貿易地域」に参加しないことを決定する。「共同市場」成立を阻止しようとする試みが明らかな行き詰まりを見せたため、マクミランは、新しい戦略を検討せねばならなくなった。

マクミラン首相は、ＥＥＣ設立条約調印後の一九五七年五月の閣議で、「現在進行している状況は深刻である」と総括した。また財務相も「イギリスの参加を除外したかたちで関税同盟を創設しようとするのは間違った選択であるということを説得するための手段を、緊急に検討する必要がある」と語っていた。[48] しかしＥＥＣが実際に成立した以上、イギリス政府はこの現実を直視せざるを得なくなっていく。マクミラン首相のもと、イギリス政府は、引き続き「自由貿易地域」の構築を追求しながらも、その中核として「関税同盟」を受け入れるという政策を打ち出すようになる。[49] イギリスがイニシアティブを示し、実際に欧州自由貿易連合（ＥＦＴＡ）が一九六〇年五月に成立した。[50] これにより、西ヨーロッパは、ＥＥＣ加盟の「六カ国」と、ＥＦＴＡ加盟の「七カ国」とに分裂する。

他方で、この頃マクミラン首相は、自らが「東西間の架け橋」となり米ソ間の緊張緩和を進めようと、英米仏ソ四国間の首脳会談開催に向けて奔走していた。ところがソ連上空でアメリカの偵察機が撃墜され、ドワイト・Ｄ・アイゼンハワー大統領が断固としてソ連からの謝罪を拒絶すると、ソ連首相ニキータ・フルシチョフは予定していたパリ首脳会談に対し不参加の声明を出した。マクミラン首相は、パリ首脳会談の挫折から、イギリスの世界政治での役割の限界に直面し、ヨーロッパ統合へのよりいっそうの関与の必要性を強く認識するようになる。[51] 一九六一年七月三一日、マクミラン首相は下院での議会演説のなかで、ＥＥＣ加盟申請を行うとのイギリス政府の意向を明らかにした。

欧州共同体加盟への道　一九六一―一九七三年

（1）　マクミランとドゴール

一九五八年五月、フランスで新たにシャルル・ドゴールを大統領とする第五共和政が成立した。毎年のように首相を交代させていた第四共和政下の脆弱な首相の指導力とは異なり、第五共和政においては七年という長期にわたる任期によって、大統領は強大な指導力を発揮することが可能となる。それこそがドゴールの意図であった。

ドゴールは必ずしも、大統領就任当初から「独仏枢軸」を中心に対外政策を考えていたわけではなかった。一九五八年九月には、ＮＡＴＯを「米英仏」の三国による統治体制へと再編する必要を記したメモランダムをアイゼンハワー米大統領とマクミラン英首相に送っている。つまりは米英両国とともに、フランスが西側同盟における中核的な大国としての地位を占めることを求めていたのである。(52) ところがこれに対してアイゼンハワーとマクミランは、否定的な回答を返した。これ以降、ドゴールは「アングロ・サクソン」が支配する大西洋同盟から、より自立的な立場に固執するようになる。

確かにドゴールはそもそも第二次世界大戦時の経験から、「アングロ・サクソン」への不信感を募らせていた。ところが歴史家のフレデリック・ボゾは、この一九五八年のドゴール・メモランダムとそれへの英米両国政府の否定的な態度こそが、ドゴールが「アングロ・サクソン」に対する敵意を燃え上がらせたのであり、その後のドゴールの政策、とりわけ一九六三年一月のイギリスＥＥＣ加盟申請の拒否の伏線になったと論じている[53]。これを契機にドゴールは、ＥＥＣにいっそう積極的にかかわるようになり、「独仏枢軸」の重要性を強く意識するようになったのである。

　これはイギリスにとって、新しい状況への対応の必要を意味していた。一九五八年九月の自らのメモランダムが拒否されてから、ドゴールはイギリスのＦＴＡ構想には敵対的になっており、またイギリスとの協力関係の構築に冷淡になっていった。同年一一月、フランス外相のモーリス・クーヴ・ド・ミュルヴィルは、セルウィン・ロイド英外相との会談のなかで、イギリスの自由貿易地域構想にフランスは同調するつもりはなく、またその参加国と経済的連帯を組むつもりもないことを明らかにした[54]。イギリスは、ドゴールの外交政策によって、さらに難しい状況へと追い込まれた。ＥＥＣは順調に発展していき、当初想定していたような破綻に至る可能性はなくなりつつあった。急速な経済成長を続ける大陸の西欧諸国との経済的繋がりを考えると、またコモンウェルス諸国との貿易額が相対的に低下する実情を考えると、イギリス政府はＥＥＣ加盟申請という選択肢を考慮に入れざるを得なかった。マクミラン首相が、一九六一年にＥＥＣ加盟申請を行ったのは、このような状況下において冷静に経済利益を計算したからにほかならない。

　マクミランの伝記作家アリステア・ホーン[55]によれば、一九六一年七月のＥＥＣ加盟申請の決断は、「彼の首相在任中の、最も大きな決断であった。」マクミラン首相は、経済的な現実認識に加えて、イギリスの世界政治での影響力を強化するという政治的な理由からも、ＥＥＣへの加盟を求めていた。それによって、イギリスはそれまでのコモンウェルスとアメリカとの関係に加えて、ヨーロッパのリーダーとして影響力を行使できると考えたのだ。一九六一年八月三日の下院議会での議決では、加盟交渉開始について三一三票が賛成で、反対はわずか五票であった（ただし棄権は三二票）[56]。これは、保守党におけるマクミラン首相の加盟への姿勢への支持と同時に、議会全体に広がるＥＥＣ加盟への不安と懐疑を示すものであった。一九六一年一〇月一〇日、パリにおいて正式に、イギリスとＥＥＣとの間での加盟交渉が始まった。イギリス側の交渉責任者はエドワード・ヒースだった。「ミスター・ヨーロッパ」と呼ばれるほど親欧州的な、保守党の若き政治家であった[57]。

一九六一年一一月二五日、マクミラン首相は訪英中のドゴール大統領を私邸に招いた。イギリスのＥＥＣ加盟問題について協議するためである。この二人の指導者は、年齢差は四歳とほぼ同世代で、第二次世界大戦ではともに北アフリカで戦った「古くからの友人」であった[58]。この私的な英仏首脳会談において、お互いの意見が明らかとなり、両者の見解の隔たりも認識するようになった。ドゴール大統領は、すでに一九六〇年二月にフランスの核実験を成功させていたが、さらに一九六二年三月にはアルジェリア戦争を終結させ、明らかに政治的な基盤を強化していた。

一九六二年四月には、フーシェ・プランというヨーロッパの政治連合計画を提唱したように、より自立的で結束した、フランスの主導するヨーロッパを確立しようと試みていたドゴールにしてみれば、イギリスの加盟を認めることは、アメリカの影響力が欧州共同体にも浸透してくることを意味し、それはなんとしても避けたかった。一九六二年一二月には、ケネディ政権のアメリカは、スカイボルト型ミサイルの代わりにポラリス型ミサイルをイギリスに供与することを決めた。核兵器運搬手段という死活的重要な戦略問題において、イギリスはアメリカにあまりにも依存しているという事実が明らかとなった。[59] 同月、マクミラン首相はランブイエにてドゴール大統領と英仏首脳会談を行い、核兵器問題とイギリスのEEC加盟問題について協議したが、後者については見解の違いが決定的であった。[60]

ドゴールにとって、イギリスのEEC加盟は、フランスがリーダーシップを発揮する欧州共同体の構造を大きく変容させてしまうことを意味する。EECは、「フランスの要望に沿って仕立てられたもの」だったのだ。[61] イギリスという大国が参加することで、フランスの指導的な立場は浸食され、ヨーロッパのアメリカからの自立は大きく揺らぐことになるであろう。それは好ましい結果ではないとドゴールは考えた。

一九六三年一月一四日、ドゴール大統領はエリゼ宮殿で行った記者会見の席で、イギリスのEEC加盟を拒否する声明を発表した。[62] 一九六一年八月から続けてきたマクミラン首相の試みはここに挫折した。一九六三年一月二二日、ドゴール大統領はアデナウアー西独首相と、仏独友好条約（エリゼ条約）を締結する。イギリスが欧州共同体から排除され、独仏枢軸が確立した瞬間であった。その欧州共同体とは、アメリカから自立的な姿勢を示し、フランスがリーダーシップを発揮し、ドゴール大統領が圧倒的な地位を占めるものであった。マクミランは、一月二八日の日記のなかで、次のように記していた。「われわれの政策すべてが、国内でも海外でも、廃墟のなかにある。[63]」

（2）ウィルソン政権の第二次加盟申請

一九六四年一〇月、ハロルド・ウィルソンを首班とする労働党政権が成立した。一三年ぶりの労働党政権は、党内に多数のEEC離脱派が存在することもあり、慎重に政策運営する必要があった。この時期のイギリスは経済的にも停滞し、世界政治での影響力も後退し、脱植民地化の困難な諸問題を解決せねばならなかった。一九六四年から六五年にかけてウィルソン首相は、ローデシア（現在のジンバブエ）問題やヴェトナム戦争に関する英米関係に関心が偏っており、EEC加盟について積極的な立場を示していたわけではなかった。しかしながら一九六五年から六六年にかけてウィルソン首相は、自らのイニシアティブで進めていたヴェトナム和平調停が行き詰まりを迎え、またスエズ以東への防衛関与を撤退させつつあるなかで、世界におけるイギリスの役割について再検討せざるを得なくなっていた[64]。この頃には、イギリスはかつての世界大国からヨーロッパの一国へと、変貌を余儀なくされていたのである。

一九六七年五月、このようななかでウィルソン首相はEECへの加盟申請の意向を明らかにした。下院議会での加盟申請開始に関する決議では、四八八票が賛成という結果になり、反対は六二にすぎなかった。この頃にはすでに、労働党でも保守党でも大半が加盟申請賛成の立場をとるようになっていた。ところがウィルソンによる加盟申請の発表からわずか五日後に、ドゴール大統領は「やんわりとした拒否（Velvet Veto）」の姿勢を示してきた(65)。さらには半年後の一一月二七日には、イギリスの加盟申請を明らかに拒否する演説を行い、イギリス加盟に前向きであった他の加盟五カ国を大いに落胆させた(66)。

ウィルソン首相はいかなる目論見から、一九六七年に第二次加盟申請を行ったのであろうか。そもそも党内左派出身のウィルソンは、一九五〇年代にはヨーロッパ統合に懐疑的な姿勢を示していた。にもかかわらず、ドゴール大統領によるイギリスのＥＥＣ加盟拒否を経験したわずか四年後の一九六七年五月に再びＥＥＣ加盟申請を行っているのはなぜだろうか。歴史家アン・デイトンは、国際環境よりもむしろ国内要因に注目している(67)。つまりは、労働党内部さらには国内世論において、ＥＥＣ加盟についての意見が分裂しているなかで、ウィルソン首相にとって党内および国内世論の結束を図る必要があったからである。内閣のなかでも、加盟申請積極派のジョージ・ブラウンやマイケル・スチュワート、ロイ・ジェンキンズと、加盟消極派のリチャード・クロスマン、ダグラス・ジェイらとが、意見を衝突させていた。

国内では産業界などを中心に加盟申請を望む強い声があったため、ウィルソン首相自らの決断によってではなくてむしろドゴール大統領の加盟拒否によって、ＥＥＣ加盟への進路が絶たれるのであれば、国内の亀裂を回避することが可能となる。その意味でドゴールによる加盟拒否に至る第二次加盟申請は、イギリス政府にとっては「好結果の失敗（successful failure）」でもあった。(68)

（3） ヒースとポンピドゥ

一九六九年四月、一〇年以上にわたりフランス政治、そしてEECにおいて支配的な地位にあったドゴールが、フランス大統領を辞任した。それに続いて行われた大統領選挙により、一九六二年から六八年までドゴール大統領の下で首相を務めていたジョルジュ・ポンピドゥが大統領に就任した。イギリスのEEC加盟にとっての最大の障害が取り除かれたのだ。さらには翌一九七〇年六月のイギリス総選挙で、保守党のエドワード・ヒースが首相の座に就いた。ヒースは、一九六一年から六三年までの第一次加盟申請時の加盟交渉を担当し、保守党のなかでも例外的に親欧州的な政治家であった。そして、ヨーロッパとの関係を、アメリカやコモンウェルスよりも優先して考えることのできる、戦後最初の指導者でもあった。ポンピドゥとヒースの登場により、イギリスとヨーロッパとの関係に新しい時代が訪れることになる。

一九六九年一二月、ハーグでのEEC首脳会議では、ポンピドゥ仏大統領、ヴィリー・ブラント西独首相、そして他のEEC加盟四カ国首脳が協議し、新たに経済通貨同盟（EMU）を完成させるためのプロセスに着手すること、さらにはイギリスなどの新規加盟申請国と加盟交渉をスタートすることなどで合意した(69)。ドゴール退陣後の、画期的なヨーロッパ統合の再出発であった。一九七〇年六月にイギリス政府は加盟交渉の開始を宣言し、正式な交渉がはじまった。ヒースは自らの第一次加盟申請時の交渉の経験から、既存のEECの法体系を覆すことなく、誠意をもって従う意向を示していた。もはやイギリスの加盟は、EECにとって脅威ではなく、機会へと変わっていた。

一九七一年五月二〇日と二一日にパリで開かれた、ヒースとポンピドゥとの間の英仏首脳会談は、きわめて成功裏に終わった。ポンピドゥ大統領は、「ここ二日間のわれわれの会談の雰囲気では、交渉は成功すると見てよいだろう」と語っていた(70)。両者の友好的な空気が、そのまま加盟交渉の進捗状況を示していた。一九七一年六月にはイギリス加盟に関する合意がルクセンブルクで確認されて、一九七二年一月二二日、イギリスのEEC加盟に関する条約が締結された。

一九七三年一月一日、ドゴール大統領の加盟拒否声明からちょうど一〇年が過ぎ、ドゴールが舞台から消えた後に、イギリスはEEC加盟国となった。これ以降、イギリスはEEC加盟国として、ヨーロッパの将来を構築する一翼を担うことになる。しかしながらそれは決して平坦でも友好的でもなく、困難と苦渋に満ちた道のりだった。

ＥＥＣ加盟後のイギリス　一九七四—一九七九年

イギリスとヨーロッパ統合との関係において、一九七五年の欧州経済共同体（ＥＥＣ）加盟存続を問う国民投票は大きな転換点となった。政治学者のアンドリュー・ゲッデスは、「一九七五年の国民投票は、ヨーロッパにおけるイギリスの地位の問題が、はじめて広く国民の間に開かれて広範な政治的討議をもたらす機会となった」と書いている。[71] このときイギリス政治は、親欧州派と欧州懐疑派（Eurosceptics）に分裂し、両者の間で激しい政治キャンペーンが展開された。ＥＥＣ参加問題が、国民世論を二分する最大の政治的争点になったのである。

それまではＥＥＣに関する問題はあくまでも経済的な問題とみなされており、主に通商上の問題として、一部の専門家のみが強い関心を示していた。国民やメディアは一般に、この問題にそれほど大きな関心を抱いていなかったのである。この一九七五年の国民投票ではじめて、イギリス政治における主要な争点として、ＥＥＣ加盟問題が脚光を浴びたのである。それは同時に、ヨーロッパへの懐疑的で批判的な声が国民レベルで上がる重要なきっかけとなった。

この一九七五年の国民投票には、二〇一三年一月にデイヴィッド・キャメロン首相が提案した国民投票ときわめて多くの類似点が見られる。それはどういうことであろうか。一九七四年二月の総選挙の結果、政権与党だった保守党は敗北し、ハロルド・ウィルソン党首が率いる労働党が勝利を収めて政権に復帰した。しかし、労働党内にはヨーロッパ統合をめぐり深刻な意見の対立が見られ、組閣後のウィルソン内閣の閣僚の間でもEEC加盟存続について立場の対立が明らかであった。この頃、外務大臣のジェイムズ・キャラハン、環境大臣のトニー・クロスランドらはEEC加盟賛成派であり、他方で産業大臣のトニー・ベンや雇用大臣のマイケル・フットらは反対派であった(72)。

EEC加盟賛成派と反対派はそれぞれ、「ヨーロッパのなかのイギリス(Britain in Europe: BIE)」と「国民投票キャンペーン(National Referendum Campaign: NRC)」という二つの政治運動グループに属していた。労働党と保守党の二大政党はいずれも、親欧州派と欧州懐疑派の二つのグループを党内に抱え、EEC加盟存続問題はそのまま党内部の対立ともなっていた。ウィルソン首相にしてみれば、そのようにEEC加盟をめぐり党内が対立している現状からも、党としての結束を保つこと自体が自己目的化していた。労働党内で深刻な見解の亀裂が見られるなか、ウィルソン首相はその両者の間でバランスをとろうと試みて、明確な政治意思を表明することを控えるようになっていた。それゆえ、ウィルソン首相は、自らが政治的リーダーシップを発揮するのではなく、国民の判断に委ねてこの困難なEEC加盟存続問題に答えを見いだそうとしたのである。それは、党内の結束を維持しようとする苦肉の策であると同時に、重要な政治的な決断を回避する試みでもあった。

一九七〇年代においては現在とは反対に、保守党が親欧州的な政党で、労働党には欧州懐疑派の勢力が強かった。したがってウィルソンは党内の巨大な欧州懐疑派の勢力と対峙しなければならず、彼らの声を完全に無視することはできなかった。他方で保守党では、ウィルソンの前に首相を務めていたエドワード・ヒースも、そして労働党が選挙で敗れた後に首相に就任することになるマーガレット・サッチャーも、EEC加盟継続と市場統合のいずれにおいても賛成の立場を明らかにしていた。

この時期においては、イギリスの主要紙はおおよそ加盟継続を支持しており、また多くの国内の主要企業が市場統合への参加に利益を見いだしていたために、加盟賛成派のBIEが圧倒的に多くの運動資金を得ていた[73]。そのような潤沢な政治資金にも支えられて、一九七五年六月五日の国民投票では、六七・二％が加盟に賛成し、反対派は三二・八％にとどまった。加盟賛成派の圧勝であった。

他方でこのEEC加盟継続を問う国民投票は、イギリス政治史上はじめて行われた国民投票であり、またこのときはじめてヨーロッパ統合の問題が国論を二分する重要な政治アジェンダとなった。このときの加盟反対派のNRCが後の欧州懐疑派の温床となり、また国民的な政治討議のなかでEECへの敵対的な議論が数多く見いだされた。ヨーロッパ統合をめぐる、さらには加盟継続をめぐる党内の亀裂を解決する強力なリーダーシップを持たないという点で、一九七五年のウィルソン首相と二〇一六年のキャメロン首相には共通点が見られる。またEEC加盟継続が国内政治的に巨大なイシューとなって、超党派的な賛成派と反対派が対抗する図式も、当時と現在との共通点といえよう。本質的な違いは、保守党と労働党がその後その政治的立場を大きく逆転させたことであった。次第に保守党内では欧州懐疑派の勢力が勢いを増していくのだが、その契機をつくったのが、総選挙の後に首相となったマーガレット・サッチャーであった。

次の章では、サッチャー政権の時代に欧州懐疑派が台頭する様子を見ていくことにしたい。

（1） Stephen George, *An Awkward Partner: Britain in the European Community*, 2nd edition (Oxford: Oxford University Press, 1994); David Gowland and Arthur Turner, *Reluctant Europeans: Britain and European Integration 1945-1998* (London: Longman, 2000).

（2） 半世紀におよぶイギリスと欧州統合の関係を概観した研究として主要なものでは、邦語文献としては、木畑洋一「イギリスとEU」森井裕一編『国際関係の中の拡大EU』（信山社、二〇〇五年）、田中俊郎「EUとイギリス」細谷千博・長尾悟編『テキストブック・ヨーロッパ統合』（有信堂、二〇〇〇年）などがある。イギリス本国での研究としては、代表的な通史は、Alan S. Milward, *The Rise and Fall of a National Strategy 1945-1963* (London: Frank Cass, 2002), David Gowland and Arthur Turner (eds.), *Britain and European Integration 1945-1998: A Documentary History* (London: Routledge, 2000), Sean Greenwood, *Britain and European Cooperation since 1945* (Oxford: Blackwell, 1992), idem., *Britain and European Integration since the Second World War* (Manchester: Manchester University Press, 1996), John W. Young, *Britain and European Unity, 1945-1999*, 2nd edition (London: Palgrave, 2000) などが挙げられる。これらを概観した優れた書評論文として、Wolfram Kaiser, “A Never-Ending Story: Britain in Europe”, *British Journal of Politics and International Relations*, vol.4, no.1, 2002, pp.152-165 を参照。

（3） イギリスの指導者を中心にイギリスの対外政策を論じた優れた論文集として、T. G. Otte (ed.), *The*

Makers of British Foreign Policy: From Pitt to Thatcher (Basingstoke: Palgrave, 2002) を参照。

(4) チャーチルの欧州統合理念については、細谷雄一「ウィンストン・チャーチルにおける欧州統合の理念」『北大法学論集』第五二巻第一号（二〇〇一年）を参照。

(5) Sue Onslow, *Backbench Debate within the Conservative Party and its Influence on British Foreign Policy 1948-57* (Basingstoke: Macmillan, 1997) p.16.

(6) Winston S. Churchill, *The Hinge of Fate: The Second World War, vol.IV* (London: Heinemann, 1951) p.504.

(7) 細谷「ウィンストン・チャーチルにおける欧州統合の理念」七五―七九頁。

(8) United Europe: Speeches at the Royal Albert Hall, 14 May 1947, London, CHUR2/21, Churchill Papers, Churchill Archives Centre, Cambridge.

(9) CHUR5/8, Churchill Papers, Churchill Archives Centre, Cambridge; "European Unity", Zurich, 19 September 1946, in David Cannadine (ed.), *The Speeches of Winston Churchill* (London: Penguin, 1990).

(10) Churchill, *The Hinge of Fate*, pp.715-721.

(11) 細谷雄一『戦後国際秩序とイギリス外交―戦後ヨーロッパの形成　一九四五年～一九五一年』（創文社、二〇〇一年）第四章を参照。

(12) Record of Meeting on 13 August 1945, in Rohan Butler and M. E. Pelly (eds.), *Documents on British Policy Overseas, Series I, Volume I: Conference at Potsdam, July–August 1945* (London: Her Majesty's Stationery Office, 1984) I, I, no.603.

(13) The National Archives (TNA), CAB129/23, CP(48)6, 4 January 1948, "The First Aim of British Foreign Policy", memorandum by Bevin.

(14) Geoffrey Warner, "The Labour Governments and the Unity of Western Europe", in Ritchie Ovendale (ed.), *The Foreign Policy of the British Labour Government, 1945–1951* (Leicester: Leicester University Press, 1984) p.80; Roderick Barclay, *Ernest Bevin and the Foreign Office* (London: Ropert Hart-Davis, 1975) p.90.

(15) この経緯については、細谷『戦後国際秩序とイギリス外交』第六章第一節を参照。
(16) 上原良子「フランスのドイツ政策―ドイツ弱体化政策から独仏和解へ」油井大三郎・中村政則・豊下楢彦編『占領改革の国際比較』(三省堂、一九九四年)、同「フランスのキリスト教民主主義勢力とヨーロッパ統合―MRP(人民共和運動)、一九四七年から一九五〇年」『現代史研究』第四四号(一九九八年)。同「フランス社会党の欧州統合構想と欧州審議会」『西洋史学』第一九八号、(二〇〇〇年)を参照。
(17) TNA, FO371/76384, W3114/3/500G, PUSC(22) Final, "The Third World Power or Western Consolidation?" 9 May 1949; TNA, FO371/76385, W3576/3/500G, PUSC(51)Final, "Anglo-American Relations: Present and Future", 24 August 1949; TNA, CAB 129/37, CP(49)208, 18 October 1949, "European Policy", memorandum by Bevin.
(18) Jean Monnet, *Memoirs*, translated by Richard Mayne (London: Collins, 1978) p.277.
(19) Michael Charlton, *The Price of Victory* (London: BBC, 1983) p.83; Francis Lynch, "The Role of Jean Monnet in Setting up the European Coal and Steel Community", in Klaus Schwabe (ed.), *The Origins of the Schuman Plan, 1950-51* (Baden-Baden: Nomos, 1988) p.118; Gérard Bossuat, "The French Administrative Elite and Europe", in Anne Deighton (ed.), *Building Post-War Europe: National Decision-Makers and European Institutions, 1948-63* (Basingstoke: Macmillan, 1995) p.23.
(20) 「シューマン宣言」遠藤乾編『原典　ヨーロッパ統合史―史料と解説』(名古屋大学出版会、二〇〇八年)二三一頁。
(21) 同、二三二頁。
(22) Monnet, *Memoirs*, pp.307-309.
(23) Alan S. Milward, *The Reconstruction of Western Europe 1945-51* (London: Routledge, 1984) p.396.
(24) Record of Meeting on 10 May 1950, in Roger Bullen and M. E. Pelly (eds.), *Documents on British Policy Overseas, series II, volume I: the Schuman Plan, the Council of Europe and Western European Integra-*

tion May 1950 - December 1952 (London: HMSO, 1986), no.3 以下、DBPO, II, I と略。

(25) William Hayter (Paris) to Bevin, 15 may 1950, in DBPO, II, I, no.20.

(26) Lettre de Jean Monnet à René Pleven, 3 Septembre 1950, Annex I, dans Philippe Vial, "Jean Monnet, un père pour la CED?", René Girault et Gérard Bossuat (dir.), *Europe brisée, Europe retrouvée* (Paris: Sorbonne, 1994) p.259.

(27) John R. Gillingham, *Coal, Steel and the Rebirth of Europe, 1945-1955: The Germans and French from Ruhr Conflict to Economic Community* (Cambridge: Cambridge University Press, 1991) pp.136-137.

(28) Geoffrey Warner, "Ernest Bevin and British Foreign Policy 1945-1951", in Gordon A. Craig and Francis L. Loewenheim (eds.), *The Diplomats 1939-1979* (Princeton: Princeton University Press, 1994) p.129.

(29) TNA, CAB128/17, CM(50)34, 2 June 1950; CAB129/40, CP(50)120, 2 June 1950.

(30) 細谷雄一『外交による平和―アンソニー・イーデンと二〇世紀の国際政治』(有斐閣、二〇〇五年)第二章参照。

(31) Georges-Henri Soutou, *L'alliance incertaine: Les rapports politico-stratégiques franco-allemands, 1954-1996* (Paris: Fayard, 1996) p.22.

(32) Excerpt from the Messina Declaration, June 1955, in Jussi Hanhimaki and Odd Arne Westad (eds.), *The Cold War: A History in Documents and Eyewitness Accounts* (Oxford: Oxford University Press, 2003) pp.321-324.

(33) TNA, CAB134/1226, EP(55)11, Minute of Meeting of the Cabinet's Economic Policy Committee, 11 November 1955. スパーク委員会へのイギリス政府の対応については、益田実「メッシナ提案とイギリス―ヨーロッパ共同市場構想への初期対応決定過程、一九五五年(一)～(四)」『法経論叢』第一七巻第二号、第一九巻第二号(二〇〇〇～二〇〇一年)を参照。

(34) Gowland and Turner, *Reluctant Europeans*, p.104.

(35) Ibid., p.105.

(36) Resolution and Joint Declaration of the Action Committee for the United States of Europe, 19 January 1956, in Peter M.R. Stirk and David Weigall (eds.), *The Origins and Development of European Integration: A Reader and Commentary* (London: Pinter, 1999) pp.136–137.

(37) Guy Mollet, "No Europe without Britain", 28 August 1950, in Walter Lipgens and Wilfried Loth (eds.), *Documents on the History of European Integration, volume III: the Struggle for European Union by Political Parties and Pressure Groups in Western European Countries 1945–1950* (Berlin: Walter Gruyter, 1988) pp.123–125.

(38) P. M. H. Bell, *France and Britain 1940–1994: The Long Separation* (London: Longman, 1997) p.157.

(39) TNA, CAB128/30, CM80(56), 6 November 1956.

(40) Pierre Guillen, "Europe as a Cure for French Impotence? The Guy Mollet Government and the Negotiation of the Treaties of Rome", in Ennio Di Nolfo (ed.), *Power in Europe? II: Great Britain, France, Germany and Italy and the Origins of the EEC, 1952–1957* (Berlin: Walter de Gruyter, 1992) pp.514–516.

(41) Lord Gladwyn, *The Memoirs of Lord Gladwyn* (London: Weidenfeld & Nicolson, 1972) p.285; Bell, *France and Britain*, p.155.

(42) Gérard Bossuat, *L'Europe des Français 1943–1959: La IV Republique aux sources de l'Europe communautaire* (Paris: Sorbonne, 1996) pp.334–335、および、黒田友哉「モレ政権と欧州経済共同体の成立」『法学政治学論究』第六八号（二〇〇六年）一五二―一五四頁参照。

(43) Ibid.

(44) TNA, CAB129/83, CP(56)208, 14 September 1956, "Plan G", memorandum by Macmillan. この「G計画」についての詳細な研究としては、益田実「自由貿易地帯構想とイギリス―ヨーロッパ共同市場構想への『対抗提案』決定過程、一九五六年（一）～（三）」『法経論叢』第二一巻第二号～第二三巻第一号（二〇〇四～二〇〇五年）を参照。

(45) TNA, CAB128/31, CC(57)37, 2 May 1957.

(46) このマクミランの構想については、代表的な研究として、Wolfram Kaiser, *Using Europe, Abusing the Europeans: Britain and European Integration, 1945-63* (Basingstoke: Macmillan, 1996); James Ellison, *Threatening Europe: Britain and the Creation of the European Community, 1955-58* (Basingstoke: Macmillan, 2000); Jacqueline Tratt, *The Macmillan Government and Europe: A Study in the Process of Policy Development* (Basingstoke: Macmillan, 1996); Jeffrey Glen Giauque, *Grand Designs & Visions of Unity: The Atlantic Powers and the Reorganization of Western Europe, 1955-1963* (Chapel Hill: The University of North Carolina Press, 2002); James Ellison, "Accepting the Inevitable: Britain and European Integration", in Wolfram Kaiser and Gillian Straerck (eds.), *British Foreign Policy, 1955-64: Contracting Options* (Basingstoke: Macmillan, 2000) などを参照。

(47) 「独仏枢軸」の成立過程については、川嶋周一「冷戦と独仏関係―二つの大構想と米欧関係の間で 一九五九年～一九六三年」『国際政治』第一三四号（二〇〇三年）を参照。

(48) TNA, CAB128/31, CC(57)37, 2 May 1957.

(49) Ellison, "Accepting the Inevitable", p.177.

(50) ＥＥＣとＥＦＴＡとの関係を、英米関係の枠組みのなかで論じた優れた研究として、小川浩之「『英米特殊関係』とイギリスの第一回ＥＥＣ加盟申請、一九五五—六一年」『日本ＥＵ学会年報』第二五号（二〇〇五年）を参照。

(51) Ellison, "Accepting the Inevitable", p.180; Nigel Ashton, *Kennedy, Macmillan and the Cold War: the Irony of Interdependence* (Basingstoke: Palgrave, 2002) p.127; 小川「『英米特殊関係』とイギリスの第一回ＥＥＣ加盟申請」一五六頁。

(52) TNA, PREM11/3002, memorandum, 17 September 1958; Gowland and Turner (eds.), *Britain and European Integration*, p.88; Bell, *France and Britain*, p.166; Frédéric Bozo, *Two Strategies for Europe: De Gaulle, the United States, and the Atlantic Alliance* (Lanham: Rowan & Littlefield, 2001) pp.15-19.

(53) Bozo, *Two Strategies for Europe*, p.1.
(54) Bell, *France and Britain*, p.169.
(55) Alistair Horne, *Macmillan, vol.II, 1957–1986* (London: Macmillan, 1991) p.256; Bell, *France and Britain*, p.179.
(56) Ibid., pp.181–182.
(57) Gowland and Turner, *Reluctant Europeans*, p.125.
(58) Bell, *France and Britain*, pp.189–190.
(59) 橋口豊「冷戦の中の英米関係―スカイボルト危機とナッソー協定をめぐって」『国際政治』第一二六号（二〇〇一年）参照。
(60) TNA, PREM11/4230, Record of a Conversation at Rambouillet, 16 December 1962; Gowland and Turner (eds.), *Britain and European Integration*, pp.104–106.
(61) Gowland and Turner, *Reluctant Europeans*, pp.139–140.
(62) *The Times*, 15 January 1963; Gowland and Turner (eds.), *Britain and European Integration*, pp.106–107.
(63) Horne, *Macmillan*, vol. II, p.447.
(64) Gowland and Turner, *Reluctant Europeans*, pp.161–162; Saki Dockrill, *Britain's Retreat from East of Suez: The Choice between Europe and the World?* (Basingstoke: Palgrave, 2002).
(65) N. Piers Ludlow, "A Short-Term Defeat: The Community Institutions and the Second British Application to Join the EEC", in Oliver J. Daddow (ed.), *Harold Wilson and European Integration: Britain's Second Application to join the EEC* (London: Cass, 2003) p.136; Gowland and Turner (eds.), *Britain and European Integration*, p.123.
(66) Greenwood, *Britain and European Integration since the Second World War*, pp.149–151.
(67) Anne Deighton, "The Second British Application for Membership of the EEC", in Wilfried Loth (ed.), *Crises and Compromises: the European Project 1963–1969* (Nomos Verlag: Baden-Baden, 2001) pp.391–392.
(68) Oliver J. Daddow, "Introduction: The Historiogra-

phy of Wilson's Attempt to Take Britain into the EC", in Daddow (ed.), *Harold Wilson and European Integration: Britain's Second Application to Join the EEC* (London: Cass, 2003) p.17; Deighton, "The Second British Application for Membership of the EEC", p.405.

(69) Communiqué from the Meeting of the Heads of State or Government at the Hague, 1-2 December 1969, in Stirk and Weigall (eds.), *The Origins and Development of European Integration*, pp.227-228.

(70) *The Times*, 22 May 1971, in Gowland and Turner (eds.), *Britain and European Integration*, pp.135-136.

(71) Andrew Geddes, *Britain and the European Union* (Basingstoke: Palgrave, 2013) p.223.

(72) このウィルソン政権内のＥＥＣ加盟存続をめぐる対立については、梅川正美「労働組合の時代—第二次ウィルソン・キャラハン政権　一九七四～七九年」梅川正美・阪野智一・力久昌幸編『イギリス現代政治史』（ミネルヴァ書房、二〇一〇年）一三八—一四一頁、橋口豊「米欧間での揺らぎ　一九七〇—七九年—ヨーロッパになりきれないイギリス」細谷雄一編『イギリスとヨーロッパ—孤立と統合の二百年』（勁草書房、二〇〇九年）一九二—一九四頁、John W. Young, *Britain and European Unity 1945-1999*, 2nd edition (Basingstoke: Macmillan, 2000) pp.111-120; Julie Smith, "The 1975 Referendum", *Journal of European Integration History*, vol.5, no.1 (1999) pp.41-56などを参照。

(73) Geddes, *Britain and the European Union*, p.223.

第2章　サッチャー政権からブレア政権へ
――「欧州懐疑派」の台頭

イデオロギー対立の起源

イギリス国民は過去半世紀の間に、自らの国家のアイデンティティをめぐって著しい認識の変化を経験してきた。かつて世界の海を支配し、巨大な植民地を抱えていたイギリス帝国の威光は消え、二〇世紀の後半にはヨーロッパ大陸の周辺に浮かぶ小さな島国へと変貌した。そのような国際的地位の変化を、イギリス人は苦悶のなかで受け入れることになった。イギリス国民は新しいアイデンティティを模索するなかで、その一つの帰結として、一九七三年に欧州共同体（ＥＣ）への加盟を実現させた。(1) その後のイギリス政治は、さまざまな政策領域で「欧州化（Europeanization）」が進んでいった。(2)

しかしその後四〇年間のイギリスとＥＣ（一九九三年以降はＥＵ〔欧州連合〕）との関係は、不信感と苦悩に満ちたものであった。ある場合においては首相個人の政治的偏見やイデオロギーに基づきイギリスはヨーロッパ大陸に敵意を示し、ある場合には政党内の党派的対立を理由としてイギリスはヨーロッパ統合の進展の障壁となった。また、ある場合にはイギリスのマスメディアや国内世論がヨーロッパ統合への強い拒否反応を示した。したがって、首相のリーダーシップのレベル、政党政治のレベル、そしてメディアや国民世論のレベルというように、重層的にイギリス政治におけるヨーロッパ統合への姿勢を理解することが重要となってくる。

一九八〇年代のサッチャー保守党政権の時期に、イギリスとヨーロッパとの関係は大きく変質していった。また、この時代以降に、ヨーロッパ統合の問題がイギリス政治に巨大な衝撃を与えるようになっていった。まず、労働党は次第にECへの敵対的な姿勢を強めていったことで、一九八一年三月に「四人組」と呼ばれる親欧州的な議員を中心に、一二名が労働党を離脱して新しく社会民主党（SDP）を創設した。この社民党は、後に自由党と合併して、社会自由民主党、後の自由民主党へと変わっていった。また、保守党内でも、ECに敵対的なマーガレット・サッチャー首相が率いる、いわゆる「ブルージュ・グループ」と、EC／EUとの建設的な協力関係を模索する議員たちとの間で、亀裂が深まる一方であった。

イギリス政治において、保守党と労働党のいずれの政党のなかで、親欧州的な議員と欧州懐疑主義的な議員との亀裂は深刻化していった。また、主要新聞においても、親欧州的な立場と反欧州的な立場との間で、その論調は大きく異なり、両者の間の対立が先鋭化していく。

それではイギリス国民は、はたして、「親欧州的」なのか「反欧州的」なのか。それを正確に理解するのは難しい。というのも、これまでイギリス国民は、多くの場合において、ヨーロッパ統合が実際にイギリスの国益に沿うか否かという判断に基づいてそれへの賛否を決めることが多かったからだ。(3)したがって、それがイギリスの国益に適うと思えば、イギリス国民は統合に賛成姿勢を示すが、そうでなければ拒絶反応を示すことになる。

ところが一九九〇年代になると、保守党内部でヨーロッパ統合に敵対的なイデオロギーを持つ議員グループが大きな発言力を持つようになり、次第にこの問題がイデオロギー対立としての性質を帯びるようになる。さらには二〇一四年の欧州議会選挙では、UKIP（UK Independent Party イギリス独立党）というEUからの離脱を求める極右政党が、大方の予想に反して、二大政党の保守党や労働党を上回る議席を確保して、第一党となった。

このように、一九九〇年代以降の新しい動向として、イギリス政治のなかで次第にEU政策をめぐり、イデオロギー対立的な様相が強まっていった。サッチャーが拠出金問題をめぐってECと敵対したのは、イデオロギー的な理由によるというよりも、むしろプラグマティックな財政的理由に基づくものであり、それはサッチャー政権以前のウィルソン労働党政権においても、キャラハン労働党政権においても同様であった。(4)ところがサッチャーは、次第にヨーロッパ統合問題をイデオロギー問題として論じるようになっていった。これはまた、国民世論の思潮の変化に基づいたものであった。

このようにして、一九八〇年代から九〇年代にかけて、イギリス政治においてヨーロッパ統合をめぐってイデオロギー対立が深まり、政党内の亀裂が深刻化する過程のなかで、国民世論やメディアがいかに大きな役割を果たしたかに注目して、本章ではその経緯を見ていくことにしたい。

イギリス政治のなかのヨーロッパ

(1) サッチャーと欧州懐疑主義

保守党党首であったマーガレット・サッチャーは、一九七九年五月に総選挙で勝利した結果、労働党のジェームズ・キャラハンを継いで首相となり、それ以降一九九〇年一一月の首相辞任に至るまで、三期にわたり合計一一年間、保守党政権を指導した。このサッチャー保守党政権の時代に、イギリスとECとの関係は最も悪化して、イギリスとヨーロッパ大陸との間には相互不信が深まった。とはいえ、サッチャー首相は就任当初からECに敵対的であったわけではなかった。

サッチャー自身は、イギリスのEC加盟に賛成の姿勢を示してきたし、ECからの離脱を唱えていたわけではない。前章で述べたようにむしろ一九八〇年代初頭には野党の労働党の方が、ECに対してより敵対的な姿勢を明らかにしており、ECからの脱退すら主張するほどであった。

労働党から見れば、ECの共通市場への参加は資本家のクラブへの加入を意味することであり、ECは労働者にとっては否定すべき存在であった(5)。その意味で当時の労働党は、「反欧州」的である以上に、「反共通市場」的であったといえる。労働党左派は、市場統合を軸とした一九八〇年代前半のヨーロッパ統合を、サッチャリズムによる市場主義的で新自由主義的なプロジェクトとみなしていたのだ。

労働党はこの時期、混迷していた。党内がイデオロギー的に左傾化して、あまりにも反欧州的な姿勢が強まった結果、一九八一年にはECの欧州委員会で委員長となっていたロイ・ジェンキンズをはじめとする穏健派の労働党議員たちが党を離脱して、社会民主党という新党を結成した。あまりにも左傾化してECに敵対的となった結果、党の分裂を余儀なくされたのである。

他方で保守党は、ウィンストン・チャーチルが一九四六年にスイスで「欧州合衆国」の形成を求める演説を行ってから、「親欧州」的な政党とみなされてきた。一九六一年にECへの第一次加盟申請を行ったのはハロルド・マクミラン保守党政権下であり、一九七三年にイギリスが実際にECに加盟したのは、同じく保守党のエドワード・ヒース政権下のことである。

一九七九年に首相となるサッチャーは、同じ保守党の首相といえども、ヨーロッパに対する考え方がヒースとは対照的であった(6)。ヒースには明白に、アメリカとの関係よりもヨーロッパ大陸との関係を優先する傾向が見られた。ところがサッチャーの場合は、当然のごとくアメリカとの関係を優先していた。(7) また、サッチャーはＥＣの市場統合に積極的に関与してきたが、一九八六年にひと通り「域内市場」完成へ向けての合意に到達すると、ＥＣの社会政策をめぐってブリュッセルの委員会との対立を激化させていった。この「一九八六年」こそが、イギリスとヨーロッパ統合との関係を考える上での、重要な転機となる。

この頃サッチャーは、自由主義経済を追求する「サッチャリズム」という政治経済イデオロギーを固めつつあり、社会主義的な政策を悪とみなし、それを敵視する姿勢を強めていた。サッチャー首相からすれば、ヨーロッパ大陸で進められる市場統合計画は、マルクス主義的な社会主義者による時代錯誤の政策であった。(8) それは、東欧諸国で共産主義政権が崩壊に向かう時期と重なったこともあり、イギリス国内で、反欧州的なイデオロギーが強まる結果をもたらした。

実際に一九八九年六月に採択された社会憲章（「労働者の基本的社会的権利に関する共同体憲章」）は、限定的な範囲を扱うのみで、法的拘束力を持たない宣言にすぎなかった。しかし、サッチャーによるＥＣ批判はその後保守党内、そしてイギリス国内世論のなかに確実に浸透していった。

(2) サッチャー首相のブルージュ演説

一九八八年七月、ジャック・ドロール欧州委員会委員長は欧州議会の演説で、「一〇年後には、経済立法、そしておそらく財政や社会立法ですらも、その八〇%までが欧州共同体起源のものになるだろう」と発言した。[9] これを耳にして、サッチャー首相は強い苛立ちを感じた。

この二カ月後の九月二〇日、サッチャー首相はブリュージュの欧州大学において自らのヨーロッパ統合に関する構想を吐露して、超国家的な中央集権的ヨーロッパの誕生を阻止する強い政治的意思を示した。[10] サッチャーは次のように語った。

「私が最も大事にしている指導原理はこうである。つまり、お互いに独立した主権国家が自らの意思で積極的に協力することこそが、欧州共同体を成功裏に建設する上での最善の道となる、ということだ。」

さらに次のように続ける。「実に皮肉なことである。すべてを中央からの指令で動かそうとしてきたソ連のような国が、成功の秘訣は権力と決定を中央から分散させることだと学習しつつあるちょうどまさにそのときに、欧州共同体では正反対の方向に動きたがっている者がいるように見える。[11]」

サッチャーは、ドロール委員長のもとで進められている統合の政治的プロジェクトに不満を鬱積させていた。回顧録でも、「このことを考えれば考えるほど、私の欲求不満は増し、怒りも深まった」と記している。そして次のように、書いている。「イギリスの民主主義、議会の主権、慣習法、またわれわれの伝統的な公正感や自分たちのことは自分たちのやり方で対処する能力は、非常に異なった伝統に基づく遠くにいるヨーロッパ官僚主義の要求に服属させられてしまうのであろうか。この時点で私はこれ以上、ヨーロッパの『理想』を聞かされるのに我慢がならなくなってしまった。そしてほかの人たちにとっても同じであったようだ。この理想という名のもと、浪費と腐敗と権力の乱用は、私と同様ＥＥＣへの加盟を支持した人の誰もが予想できなかったほどの水準に達していた。イギリスはヨーロッパでもっとも安定し、発達した民主主義国家であったため、こうした事態によって失うものがたぶん、もっとも多かったのである。(12)」

これ以降、サッチャー首相はヨーロッパ大陸へのイデオロギー的な嫌悪感を増していった。そして、そのようなサッチャー首相の欧州懐疑的な姿勢に同調するグループは、「ブリュージュ・グループ」と呼ばれるようになる。(13) この政治グループは、保守党内の右派の勢力を結集して、一九九〇年代以降は保守党内でメインストリームとなっていく。ジョン・メージャー首相の総選挙での敗北後に保守党党首となったウィリアム・ヘイグ、イアン・ダンカン・スミス、マイケル・ハワードなどはこの「ブリュージュ・グループ」に属しており、保守党はよりいっそうヨーロッパ統合へと敵対的になっていった。また、サッチャー首相の長期政権下で議員となった新しい世代の政治家たちは、そのようなサッチャー首相のイデオロギーを擁護し、さらに強化していく。

このようにして一九九〇年代の保守党は、それ以前とは異なり、欧州懐疑的な政党へと変容していった。その背景には、ＮＲＣの流れを汲み、ＥＣへの加盟継続の是否というシングル・イシューだけを問う右派政党、イギリス独立党が一九九三年九月三日に誕生したことがあった。イギリス国内世論に潜む、ＥＣ主導の社会統合や政治統合への疑念は次第にＵＫＩＰ支持へと流れていった。保守党の支持層の一部がＵＫＩＰへと流れていくことを恐れた保守党指導部は、選挙戦略上からも右傾化の道を進み、ヨーロッパ統合に批判的な声を吸収することを試みるようになるのである。

（3） 二大政党の混乱

ヨーロッパ統合をめぐる問題は、一九八〇年代から九〇年代にかけて、イギリスの政党政治に最も深刻な亀裂をもたらすこととなる。それは単に政党間の対立にとどまらず、政党内の亀裂ももたらしていた。最初に党内に深刻な亀裂が生じたのは、労働党であった。一九八〇年代初頭にＥＣからの離脱を掲げて、反欧州的な姿勢を強めた労働党は、一部の有力議員が離党して社会民主党を結党するに至ったのは、前に述べた通りである。

労働党は一九八〇年代には立て続けに総選挙で敗北して、根本的に政策を見直す必要が生じていた。とりわけ一九八三年の総選挙の惨敗によって、反欧州的なマイケル・フットは労働党党首を辞任して、より穏健なニール・キノックが党首となった。キノックと、彼を継いで一九九二年に労働党党首となったジョン・スミスは、それまでの党の路線を転換して、ヨーロッパ統合に対してより協調的で積極的な立場を示すようになった。そのような背景のなかで、急死したジョン・スミスを継いで、一九九四年にトニー・ブレアが労働党党首に就任したのである。

一九八〇年代半ば以降は労働党が次第にヨーロッパ統合に対して前向きになっていくのに対して、

保守党では反対に党内に深刻な亀裂を抱えるようになった。欧州委員会のドロール委員長が、社会政策をめぐってヨーロッパ統合を進める姿勢を明らかにすると、イデオロギー的な理由からもサッチャーはＥＣに敵対的な硬直した姿勢を示すようになる。(14) 一九八六年には、ウェストランド・ヘリコプター事件をめぐって、親欧州的な国防相のマイケル・ヘゼルタインが辞任した。続いて、通貨統合へ向けてのＥＲＭ（為替相場メカニズム）参加問題をめぐって、財務相のナイジェル・ローソンと外相のジェフリー・ハウの両者がサッチャー首相と対立し、両者ともに辞任することになる。次々と有力閣僚が辞任するなかで、サッチャーは自らのイデオロギーに近い議員を重要閣僚に選ぶようになった。

サッチャーを継いで首相の地位に就いたジョン・メージャーは、一九九一年三月のボンにおける演説のなかで、イギリスとヨーロッパの関係を新しくとらえなおそうと試みて次のように論じた。「私は、われわれが本来いるべき場所に戻るべきだと考えている。それは、ヨーロッパの中心である（At the very heart of Europe）。そこでわれわれのパートナーたちと、将来をつくっていくべきなのだ。(15)」しかしその後、イギリスとヨーロッパの関係が好転することはなかった。むしろ、狂牛病（ＢＳＥ）問題に起因するヨーロッパ大陸でのイギリス産牛肉輸入禁止措置などを通じて、関係は悪化していく。それは必ずしもメージャー個人の責任によるものではなかった。プラグマティックな思想を持つメージャーは、サッチャーのようにイデオロギー的な理由からヨーロッパ統合を嫌悪することはなかった。

問題は、一九九二年の総選挙で勝利したメージャー保守党政権が、下院での議席数が労働党をわずか二一議席しか上回ることができなかったために、議会で法案を可決させるためには党内の欧州懐疑派（Eurosceptics）の声も聞かざるを得なかったことである。[16] 党内の政治力学は、したがって、党首選でメージャーと競って敗れた副首相のヘゼルタインや、後に財務相となるケネス・クラークというような「親欧州派」の声よりも、サッチャー長期政権期に議席を得た彼女のイデオロギーを信奉する若手議員の声の方に、より強く反映されるようになる。さらには、一九九二年二月に調印されたマーストリヒト条約（EU設立条約）をめぐっては、議会での批准時に党内で欧州懐疑派から造反者が出るに至った。マーストリヒト条約の批准をめぐっては、サッチャー前首相によっても、執拗な妨害を受けていた。メージャー首相は、回顧録のなかでも述べているように、首相在任中にヨーロッパ統合問題をめぐって繰り返されるサッチャー前首相からの介入に不快感を抱いていた。[17]

このように、一九八〇年代から九〇年代にかけての時期は、労働党にとっても保守党にとっても、ヨーロッパ統合問題が党内に深刻な亀裂をもたらす争点となっていた。またこの問題をめぐって、党内の政治力学も大きく変容した。同時に、ヨーロッパ統合の目標が、市場統合からより野心的な社会的な側面での統合や、通貨統合、そして政治統合へと移るなかで、保守党は欧州懐疑的あるいは反欧州的な姿勢を強めていった。

他方で労働党は、一九八〇年代初頭の反欧州的な立場から、キノック、スミス、ブレアという三人の党首によってより親欧州的な立場へと、ヨーロッパ統合への姿勢を大きく変化させていった。その背景として、社会政策がヨーロッパ統合における重要な目標の一つに位置づけられはじめたことがあった。現実に一九八八年にドロール欧州委員会委員長は、イギリスの労働組合会議（TUC）での演説のなかで、イギリスの労働組合がヨーロッパ統合にもっと積極的な姿勢を示してほしいと訴えている。この労働組合会議でのドロールの演説によって、サッチャーとドロールとの敵対関係は決定的となってしまった。[18] サッチャーは、ドロールとECを、社会主義の代弁者だと確信するようになった。このように、EC／EUがどのような問題を重要な争点として掲げ、どのような目標を設定するかによって、労働党と保守党のEC／EU政策も変化していったのである。

(4) イギリス独立党の台頭

一九九二年二月七日にEC加盟国によって調印されたEU設立を目指すマーストリヒト条約は、翌年一一月一日に発効した。これにより、政治統合や通貨統合を含めた野心的なヨーロッパ統合のプロジェクトが始動する。このことに強い不満と懸念を抱く欧州懐疑派の勢力が、一九九三年にイギリス独立党に結集する。移民の制限やEUからの離脱を掲げるこの政党は、徐々に勢力を拡大していき、二〇〇四年の欧州議会選挙では二七〇万票を獲得し、イギリス国内の票の一六・八％の支持を得た。また、二〇〇九年の欧州議会選挙では一七％の得票率を得て保守党に次ぐ第二党となった。欧州議会選挙のみならず、二〇一三年の統一地方選挙でもそれまでの八議席から一四七議席と大幅に議席数を拡大して、三つの主要政党である保守党、労働党、自民党を脅かす勢力にまで成長した。[19]

党首であるナイジェル・ファラージによれば、既存政党が自らの利益のみを考えて、国民の意思に応えていないことへの不満から、「EUからのイギリスの脱退のキャンペーンを行う新しい政党の必要」を感じたという。[20] とりわけファラージの批判は、「EUが民主的な機関ではない」ことに向けられている。[21] 欧州議会の議員として議会で演説をした際にも二分間しか話すことが認められておらず、二分が過ぎると自動的にマイクのスイッチが切れてしまうと批判する。ファラージによれば、正統性を持たないEUに加盟するよりも、世界大国であるイギリスはむしろそこから離脱する道を選ぶべきだというのだ。

このようなイギリス独立党の台頭は、それまで保守党に集まっていた欧州懐疑派の支持層の票が保守党から奪われていくことを意味した。極右政党であるイギリス独立党に浸食されつつある保守党は危機感を覚え、次第に、EUに敵対的な姿勢を強めていくことで支持層の拡大を試みるようになった。[22] 実際に保守党内で、欧州懐疑派は確実に勢力を伸張させていた。一九九二年から九七年の時期には、保守党内では欧州懐疑派は五八％にすぎなかったが、一九九七年から二〇〇一年の議会では八五％となり、二〇〇一年から二〇〇五年までの会期には九〇％まで伸びている。[23] 保守党内では、親欧州派の議員は高齢を理由に議員を引退したり、あるいは選挙での敗北を理由に議席を失ったりしている。他方で多くの新人議員は欧州懐疑派に属していた。二〇〇〇年代になると保守党は欧州懐疑派一色となり、ＥＵに対する敵対的な姿勢は強まるばかりであった。

このようにして、党内力学に加えて、イギリス独立党の台頭に伴う選挙戦略上の理由からも保守党はよりいっそう欧州懐疑主義へと舵を切るようになる。

（5） マスメディアと世論

イギリスでは、第1章で述べたように、ＥＣ加盟継続の是否についての市民レベルでの議論が、一九七三年の加盟直後からわき上がっていた。ＥＣ加盟を果たしたヒース保守党政権のあとのウィルソン労働党政権は、ヒース保守党前政権を批判するという理由もあって、また、党内に欧州懐疑派を抱えていたという理由もあって、イギリスのＥＣ加盟の是否を国民投票で問うことにした。そこで一九七五年にＥＣ加盟をめぐる国民投票が行われ、結果として圧倒的多数がイギリスのＥＣ加盟を支持したのは、前述の通りである。政党レベルでイギリスのＥＣ加盟問題について、とりわけ労働党内で批判的な声が強い一方で、一般市民レベルではむしろＥＣ加盟を受け入れる傾向が見られた。[24] 実のところ国民の間では、ＥＣについてそれほど強い関心や知識があったわけではなかった。それは、「情報の欠如」あるいは、「関心の欠如」ともいえる状況であった。[25]
そもそも、イギリス国民は一般的に、イングランドやスコットランドというネーションや、あるいはその下位の都市や地域コミュニティの方により強いアイデンティティを感じており、「ヨーロッパ

表-1　イギリス人のアイデンティティ（%）

	イギリス全体	イングランド	スコットランド	ウェールズ
地方コミュニティ	41	42	39	32
行政地域	50	49	62	50
イングランド／スコットランド／ウェールズ	45	41	72	81
ブリテン	40	43	18	27
ヨーロッパ	16	17	11	16
コモンウェルス	9	10	5	3
地球社会	8	9	5	2
わからない	2	2	1	0

出典：*The Economist*, 6 November 1999

の一員」というアイデンティティはあまり強いとはいえない（表-1参照）。とはいえ、関心や情報が少ないからといって、イギリスの一般市民が必ずしも強い反欧州的なイデオロギーを持っているわけではなかった。しかしアイデンティティの問題は、イギリス国民の主観が強く反映されるものであり、また時代ごとのマスメディアの動向や政治的見解によっても強く影響されるものである。

イギリス国内で本格的に欧州懐疑派が勢力を強めて、一般市民レベルでもECに対して敵対的な見解が顕著になるのは、一九八六年のサッチャー首相のブリュージュ演説以降のことである。この時代のイギリスで、欧州懐疑的さらには反欧州的な政治姿勢が強まった背景として、マスメディアの果たした役割を無視できない。EC加盟国の他の主要国とは大きく異なり、イギリスでは主要紙が欧州懐疑的な姿勢を示しているからである（表-2参照）。日常的にこれらの紙面を目にするイギリスの市民が、次第にヨーロッパ統合に対して批判的

表-2　イギリスの主要紙の発行部数と欧州統合への立場

	発行部数（1日）	欧州統合への立場
〔朝刊紙（大衆紙）〕		
デイリー・ミラー	2,031,596	親欧州的
デイリー・レコード	525,148	親欧州的
デイリー・スター	819,232	親欧州的
サン	3,447,300	欧州懐疑的
〔夕刊紙〕		
デイリー・エクスプレス	967,020	親欧州的
デイリー・メール	2,401,393	欧州懐疑的
〔朝刊紙（高級紙）〕		
デイリー・テレグラフ	943,635	欧州懐疑的
フィナンシャル・タイムズ	473,588	親欧州的
ガーディアン	394,277	親欧州的
インディペンデント	218,710	親欧州的
スコッツマン	73,151	親欧州的
タイムズ	678,508	欧州懐疑的

出典：Geddes, *The European Union and British Politics*（London: Palgrave, 2004）p.219

な見解を強めても不思議ではないだろう。

さらに一九九〇年代になって、巨大な資本をもとにメディアを買収してきた二人のメディア王、ルパート・マードックが『サン』紙、コンラード・ブラックが『デイリー・テレグラフ』紙と、イギリスの主要紙を買収してからは、反欧州的な論調が一気に強くなっていく。とりわけ、三〇〇万部を超える国内最大の発行部数を誇る『サン』紙の所有者であるマードックは、単一通貨ユーロの導入にあからさまに反対を表明しており、それは確実に紙面にも反映されていた。(26)

それまでヨーロッパ統合に対しては、比較的無関心であったイギリス国民も、このような一九九〇年代におけるマスメディアの一連の変化のなかで、次第に反欧州的な態度を示すようになり、ヨーロッパを「パートナー」としてよりも、「敵」とみなす傾向が強くなる。(27) マスメディアの論調は、プラグマティックな計算に基づいたものというよりも、きわめてイデオロギー的な色彩の強い、扇動的なものであった。高名なジャーナリストであるピーター・リデルは、「一九九〇年代の新聞業界の変遷が、政治家からの明確な指導がなかった時期においてさえも、世論に持続的な影響を与えたといえる」と論じている。(28) このようにして国内世論がヨーロッパ統合に懐疑的になり、ＥＵに対する漠然とした不信感が募るなかで、一九九七年五月にはブレア労働党政権が成立することになる。

ブレア首相はメージャー前首相のようにメディアの批判に対して受け身のままではなく、積極的にメディア政策を展開して、メディアとの良好な関係をつくりだそうと試みた。ブレア時代の労働党は、歴史上はじめて、イギリス国内の主要紙の過半数以上の支持を集めることで、メディアを味方につけていた。(29) また政権成立後は、アラステア・キャンベルを首相官邸の首席報道官として、定期的に閣議や首脳会談に同席させている。このため、ジャーナリスト出身で単なる首席報道官のキャンベルは、「事実上の副総理」と評される場合さえあった。(30) さらには、ブレア政権は高級紙以外でも、大衆紙やテレビ、さらにはインターネットも積極的に取り込んで、自らの見解を伝え、市民を説得する必要性を感じていた。ブレアはその意味で、イギリス政治史上でメディア政策を最も戦略的に利用して成功を収めた首相だといえる。それでは、ブレア労働党政権の実際の政策と市民との関係は、ＥＵ政策という側面からはどう考えられるのか。

ブレア政権期のヨーロッパ統合

（１）トニー・ブレアのヨーロッパ観

イデオロギー的にヨーロッパ統合を嫌悪したサッチャーや、プラグマティックに問題に対応する傾向の強かったメージャーに比べて、一九九七年五月に新しく首相となった労働党のトニー・ブレアは、より確固とした信念に基づいて、イギリスがヨーロッパ統合で指導的な役割を担うべきだと考えていた。ブレアにとって幸運なことに、一九九七年五月の総選挙で労働党が下院議会で圧倒的多数を獲得することができたために、党内の少数の欧州懐疑的な左派勢力の意向をあまり気にする必要がなかった。それだけではなく、新たに当選した多くの若い世代の労働党議員は、ブレアと同様に以前より柔軟にヨーロッパ統合の発展を受け入れる考え方をする者が多かった(31)。

ブレアが下院議員になった時期は、労働党が左旋回して、最も反欧州的な姿勢を示したときであった。そのようななかにあって、あまり対外問題には強い関心を持たないブレアであったが、プラグマティックな思考から当時の労働党執行部の姿勢には批判的であった。ブレアが一九八二年五月に下院の補欠選挙で労働党候補となった際に、『ガーディアン』紙はブレアを、「共通市場に関しては、きわめてプラグマティックである」と評していた[32]。ブレアは一九八三年に下院議員となった後には、ニール・キノックに代表される労働党右派で党の近代化を目指すグループに属して、党内左派のヨーロッパ統合への敵対的な姿勢とは一線を画していた[33]。

労働党党首ジョン・スミスの急死後の一九九四年七月に、スミスを継いで党首となったブレアは、キノック＝スミスの党近代化路線を継承、加速すると同時に、ヨーロッパ統合に対しても、より協調的な姿勢を示すようになった。ブレアは、一九九六年に刊行された『ニュー・ブリテン』と題する著書のなかで、「私の信念は、ヨーロッパにおける孤立主義への漂流を止め、それを建設的な関与によるる政策へと転換しなければならないということである」と、述べている[34]。こうした新しい社会民主主義のイデオロギーを訴えて、ブレアは広範な国民の支持を得るようになる[35]。

一九九七年のイギリス総選挙では、労働党は親欧州的な立場をマニフェストのなかで次のように明らかにしていた。「イギリスは、ヨーロッパでなければならない。それは、周辺においてではなくて、中心としてである。協力し、関与し、指導するのである[36]。」おそらく、戦後の二大政党のいずれも、これほどまでに親欧州的な態度を明らかにしたことはなかっただろう。そこには、イギリス貿易の六〇％がヨーロッパを占め、七〇万のイギリス企業がヨーロッパで操業し、三五〇万人のイギリス人の雇用がEU加盟により直接的に成り立っているという経済的な現実が反映されていた[37]。

結果として労働党は、中道的な有権者を惹きつけることに見事成功して、その巧みな世論操作とメディア対応によって、過半数を一七〇議席も超過する歴史的な勝利を手にした（労働党の獲得議席数は四一九議席で、保守党は一六五議席）[38]。確かに欧州政策については、労働党と保守党で、政策綱領が本質的に異なっていたとは必ずしもいうことはできない[39]。とはいえ、労働党はイデオロギー的にヨーロッパ統合に敵対することはなかったし、ヨーロッパ大陸の多くの人々は新しい政権を歓迎し、多大な期待を寄せることになった。その期待は、部分的には確実に満たされることになる。ブレア政権は政権成立直後に、欧州社会憲章を受け入れる意向を表明して、さらにはアムステルダム条約調印へ向けて協調的な姿勢を示した[40]。

このようなブレアを、ジャーナリストのフィリップ・スティーブンスは、「信念を持った、しかしながら感傷的ではない、ヨーロッパ人」と評した[41]。ブレアのヨーロッパへのアプローチが、イデオロギー的なものではなくて、プラグマティックなものであるというスティーブンスの評価は妥当なものであろう。それは、下院での労働党の圧倒的多数と、ヒース保守党政権時以来ともいわれる党内での欧州政策をめぐる結束を、基礎にしたものであった[42]。

（2）労働党の結束、保守党の亀裂

労働党は一九九七年の総選挙において、ヨーロッパ統合問題に関してはおおよその結束を示すことができた。個別的な政策については党内の意見の相違をあいまいな表現で隠すことにより、また、最大の争点である単一通貨ユーロ参加問題については国民投票に託するという見解を示すことにより、有権者には労働党がヨーロッパ統合については党内で統一的な見解を持っているかのように印象づけることができた。それは、党内でイデオロギー的な対立が生じて、それがメージャー首相の指導力を大幅に弱めていた保守党とは対照的であった。一九九七年の総選挙で労働党が大勝したのは、EU政策をめぐって保守党内が分裂していたおかげと考えることもできる(43)。

実際の具体的な政策としては、一九九六年に外務省が作成した「諸国間のパートナーシップ」と題する、EU機構改革に関する政府間会議(IGC)のための重要なガイドラインを、労働党もまた受け入れた(44)。それは、「欧州合衆国(a united states of Europe)」を否定して、「諸国よりなる統一欧州(a united Europe of states)」を追求する姿勢であった(45)。つまり、ヨーロッパ統合を超国家政府成立へ向けての運動としてではなくて、諸国間の政府間主義的な協力としてとらえるという点においては、そしてイギリスの国益を軸にしてプラグマティックに考えるという点においては、メージャー保守党政権とブレア労働党政権には大きな違いはなかった。

労働党の総選挙用マニフェストにおいては、イギリスのとるべき三つのヨーロッパ統合へのアプローチについて検討されていた。第一のアプローチはEU加盟からの脱退、第二のアプローチは加盟を維持しながらも周辺的な地位にとどまること、第三のアプローチは欧州においてリーダーシップを発揮することである。[46] ブレア首相は躊躇することなく、この第三のアプローチ、すなわちヨーロッパ統合でリーダーシップを発揮する必要性を説いていた。[47] このとき労働党は、若き党首ブレアの強力なリーダーシップのもとで、ヨーロッパ統合に向けて建設的な役割を担うべきだとする点で、おおよそ合意を見ていた。総選挙のマニフェストには、「われわれは、欧州におけるリーダーシップを、イギリスに与えたい」と記されていた。[48] その意欲的な希望は、多くの労働党議員によって、そして多くのイギリス国民によって共有されたものであった。

それとは対照的に、保守党は内部の亀裂を深めていき、それが多くのイギリス国民に不信感を与えていた。欧州懐疑派の党首ウィリアム・ヘイグは、繰り返しヨーロッパ統合に批判的な見解を示して、親欧州的な路線をとるブレア労働党政権を批判し世論の支持を得ようと試みていた。確かに『サン』や『デイリー・テレグラフ』は、そのようなヘイグと見解を共有して、加速する通貨統合や防衛統合に対して過激な批判を展開していた。二〇〇一年の総選挙では、「ポンドを救え」というスローガンによって、ヨーロッパ統合問題を選挙の争点に据えようと試みていた。それによって、国民の支持を得て、選挙を有利に展開できると考えたのだ。政治学者アンドリュー・ゲッデスは、かつてイギリスで選挙の争点にこれほどまでにシングル・イシューが用いられたことはなかったと論じる。[49] それほどまで保守党は、反欧州的な姿勢に傾いていたのだ。それは、中道の有権者層を労働党が幅広く吸収することにより、労働党と対決するためにはさらに右側に舵を取らねばならなかったという事情もあった。このような戦略は、二〇〇一年の総選挙で前回に並ぶ記録的大敗という結果をもたらし、党首はヘイグからイアン・ダンカン・スミスに交代した。保守党はヨーロッパ統合問題をめぐって選挙での混迷を続け、内部の亀裂を解決することができなかった。これは一九八〇年代初頭の労働党ときわめて似た状況にあったといえる。

しかし、そのようにヨーロッパ統合問題をめぐって亀裂を抱えていたのは保守党だけではなかった。労働党も、そしてイギリスの世論全体も、とりわけユーロ参加問題という厄介な問題をめぐっては、大きな意見の対立を抱えていた。一九九七年五月の首相就任からはじまるブレア労働党政権の第一期目は、そのままEUにおける単一通貨ユーロ導入の準備期間と重なっていた。欧州懐疑的なマスメディアと、ユーロ参加に否定的な国民感情に直面するなかで、ブレアは政権成立から二年後の一九九九年一〇月半ば以降に、大規模な運動を展開するのであった。

(3)「ヨーロッパのなかのイギリス」運動

一九九九年一月一日からEUは帳簿上の通貨としてユーロを導入し、二〇〇一年には単一通貨ユーロが実際に通貨統合加盟国で流通しはじめた。ブレア政権におけるEU政策の最大の焦点は、したがって、この時期においてはユーロ参加問題であった。それ以外の多くのEUの政策領域とは異なり、単一通貨導入問題はイギリス市民の日常生活とも密接に関連していることからも、世論の動向がきわめて重要な意味を持っていた。それゆえブレア首相は当初から、ユーロ導入の決断は政府の決定としてではなくて、国民投票の結果を受けて行うことを明らかにしていた。一九九八年六月のカーディフ欧州理事会の席で、ユーロ参加に肯定的な姿勢を示したブレアは、国内の欧州懐疑的なメディアから厳しい批判を受けた。例えば、マードックの『サン』紙は、イギリス国民にユーロ参加への理解を求めたブレアを、「イギリスで最も危険な人物」だと攻撃していた(50)。

皮肉なことに、通貨統合の「第三段階」(51)へ向かう一九九八年一月から六月までの重要な半年間、イギリスはEUの理事会議長国となっていた。ユーロに参加しないイギリスが議長国となることにより、多くの場面でイギリス政府は主導的な役割を担うことができなかった。それは、ヨーロッパにおいて「リーダーシップ」を発揮することを自負していたブレア政権にとっては、深刻なジレンマにさらされた状況であった(52)。

ブレア首相がその後に進めたことは、第一に通貨統合以外の政策領域で主導権を握ることであり、第二にユーロ参加のための準備作業を前進させることであった。前者については、あとで詳しく述べるが、一九九八年後半にイギリスがイニシアティブを発揮することで進展した、EU独自の防衛能力を発展させるための欧州共通防衛政策に示されている。また後者については、一九九九年以降にイギリス国内で大規模に展開する、「ヨーロッパのなかのイギリス（Britain in Europe; BIE）」キャンペーンがそれであった(53)。両者は密接に関連しており、前者を成功させるためにも後者のキャンペーンが重要であった。実際に一九九八年五月末にブレア政権は、「ヨーロッパの将来」と題するセミナーを開いて、今後どのようにイギリスがヨーロッパでリーダーシップを発揮できるかが検討された(54)。さらに、欧州改革センター(Centre for European Reform; CER)という、元『エコノミスト』誌記者でブリュッセル特派員でもあったチャールズ・グラントが所長を務めるシンクタンクが、この時期に『イギリスはヨーロッパをリードできるか?』と題する報告書を刊行した(55)。

この報告書のなかでは、とりわけ防衛統合の政策領域で、イギリスがEUのなかでリーダーシップを発揮する必要が説かれており、一九九八年一二月以降、EUの防衛統合が進む上で、イギリスのイニシアティブはきわめて重要な役割を果たしたと強調されている。伝統的に、大西洋同盟と英米関係を防衛政策の基軸としてきたイギリスにとって、EUが独自の防衛能力を発展させるという提案は、必ずしも好意的に受けとめられるものではなかった。それゆえに、イギリスがヨーロッパの中心に位置することによる利益と意義を、ブレアは説く必要があったのだ。

それを進める上で、有利な状況も生じていた。一九九八年一月五日、親欧州的な『インディペンデント』紙に、高名な保守党政治家の連名による保守党執行部を批判する書簡が掲載された。それは、ヨーロッパ統合に否定的なウィリアム・ヘイグをはじめとする保守党の指導者たちを厳しく批判しており、より親欧州的なブレア労働党政権のユーロ参加へ向けての方針を支持する声明となっていた。そこに名を連ねていたのは、元首相のヒース、元外相のハウ、キャリントン卿、元財務相のクラーク、

表-3　イギリスとEU加盟国のEUに対するイメージの比較(%)

	加盟は良いことである	加盟により利益がある	ユーロを支持	共通外交政策を支持	共通防衛安保政策を支持	欧州委員会を信頼	欧州憲法を支持
イギリス	31	30	28	38	49	31	49
EU15カ国	55	50	63	67	73	53	65

出典：*Eurobarometer Standard Report* (Autumn 2002)

そして元欧州委員会委員のクリス・パッテンなど、そうそうたる面々である。ブレア首相はこの好機を逃すことなく、単一通貨ユーロ参加へ向けての超党派的なキャンペーンを開始した。[56]

労働党のブレア首相とゴードン・ブラウン財務相、保守党のマイケル・ヘゼルタイン元副首相とジェフリー・ハウ元外相、そして自由民主党のチャールズ・ケネディ党首が発起人となって、一九九九年に正式に「ヨーロッパのなかのイギリス」キャンペーンが始まる。これは、超党派的な運動で、一般市民からの幅広い支持と支援をもとに成立したものである。ちなみに、「ヨーロッパのなかのイギリス」という名称は、一九七五年のイギリスのEC加盟の是否を問う国民投票の際にも用いられたものであった。そのときには、反欧州的な「国民投票キャンペーン(National Referendum Campaign; NRC)」が同時に組織され、この二つの運動が対立する構図となっていたのは、第1章で述べた通りである。[57] 一九九九年もまた、単一通貨ユーロへの参加をめぐって、同様の国民的亀裂と、世論の支持獲得のための競争が行われていたといってよい。ブレア首相は自らの立場を明瞭にして、この運動に積極的に関与しリーダーシップを示していた。

一九九九年一〇月一四日、ブレアはロンドンで「ヨーロッパのなかのイギリスの擁護（The Case for Britain in Europe）」と題する演説を行った[58]。そこでブレアは、自らが「親欧州的」であるのは、「親イギリス的」であるからだと述べた。すなわち「ヨーロッパの一部であることは、イギリスにとっての国益である。」これは、ブレア政権において欧州における「リーダーシップ」を求める場合の一貫した根拠となっていた。

さらに一一月二三日の同様のキャンペーンにおいて、ロビン・クック外相は演説のなかで「より大きな政治的な発言力」を持つ必要性を主張している[59]。クックによれば、「われわれの政治力は、欧州における主導的な役割を担うことにより、大幅に強化されている」という。またクックは、イギリスがヨーロッパ統合に深く関与することが、そのまま英米関係の強化に繋がると指摘している。クックは、次のようにいう。「もしイギリスの声がパリやボンで影響力がないのならば、それはワシントンでも影響力を持たないであろう。」しかし、欧州大陸と北米大陸と、二つの大陸で影響力を行使しようと試みるブレアは、後にその狭間に立たされ、苦境を迎えることになる。

対テロ戦争から欧州憲法条約へ

(1) アメリカとヨーロッパの狭間で

一九九八年一二月、ロンドンでの報道陣との昼食会で、ブレア首相は次のように述べていた。「あまりにも長い間、われわれは、アメリカとヨーロッパのどちらかを選ばなければいけないという、誤った思い込みを続けてきた。[60]」

ブレアは、自らがアメリカとヨーロッパの架け橋となることで、最も影響力を行使できると考えていた。しかしながら、アメリカとヨーロッパが対立した場合、それは彼の構想が行き詰まり、またイギリスが苦しい立場に立たされることを意味する。それが、二〇〇三年三月に始まるイラク戦争であった。[61]

「二〇〇一年」は、ブレア率いる労働党が、六月の総選挙で一九九七年に続く圧倒的な勝利を収めて政権二期目に入った年であった。労働党は四一三議席を獲得して、下院議席の過半数を一六七議席も超える安定多数を手に入れた。これは、一九九七年の総選挙と比較すると、七議席を減らしたのみであり、全体のなかでの議席数の変化は二%にすぎなかった。[62] 二度の総選挙で、これほどまで変化が少ないことはイギリス政治ではめずらしい。有権者はおおよそ第一次ブレア政権の業績を評価しているようだが、他方でそれを超える支持を与えることはなかったということもできる。

二〇〇一年の総選挙では、有権者の最大の関心は国民医療サービス制度（ＮＨＳ）改革についてであり、第二の関心は教育改革や国内経済であった。外交問題での懸案はそれほど多くはなく、国民の関心が内向きになっていたといえる。ヨーロッパ統合についても、それほど大きな関心をイギリス国民が寄せていたわけではなかった。

ところが二〇〇一年には、世界全体を見渡すと、いくつかの決定的に新しい状況が生まれていた。一月にアメリカでは、クリントン民主党政権に代わってブッシュ共和党政権が成立した。さらには、九月一一日には、アメリカのニューヨークと首都ワシントンで、歴史的な同時多発テロが勃発した。この衝撃は、アメリカ国民、そして世界全体に計り知れない影響を与えた。何よりも、ブレア個人がこの九・一一テロに大きな衝撃を受けたのである(63)。

政権二期目のブレアは、一期目と比較すると次第にヨーロッパとの関係よりもアメリカとの関係に比重を置くようになる。そのことは例えば、親欧州的なロビン・クックに代えて、ジャック・ストローを外相に就かせたことにも示されている。ストローはどちらかといえば、閣内では欧州懐疑派に近い立場にあった。

ブレア首相は政権一期目には、一九九八年一〇月のペルチャッハ非公式欧州理事会で欧州独自の防衛能力向上のためのイニシアティブを発揮し、一二月にはフランスのサンマロでの英仏首脳会談で公的にその方針を明らかにした。その後、一九九九年のケルン欧州理事会、そしてヘルシンキ欧州理事

表-4　アメリカとEUをめぐる世論調査①（%）

	英	仏	独	欧州	米
アメリカのみが唯一の超大国であるべき	22(20)	5 (3)	8(22)	10(14)	42(52)
EUは、アメリカ同様に超大国となるべき	52(56)	89(91)	70(48)	71(65)	37(33)
いずれも超大国となるべきではない	17(17)	4 (4)	16(25)	14(17)	5 (7)
わからない	9 (5)	2 (1)	6 (4)	5 (4)	16 (8)

＊（　）内の数字は、2002年調査の結果

出典：*Transatlantic Trends 2003: Topline Date*（TNS sofres, July 2003）

会で、ブレアのイニシアティブによって、EUは防衛統合の領域で飛躍的な前進を見せた。(64) すでに見たように、イギリスのユーロ参加へ向けて、一九九九年には「ヨーロッパのなかのイギリス」運動を自ら積極的に牽引して、国内世論における欧州懐疑派を説得するために奔走した。そのブレアが政権二期目において、とりわけ九・一一テロ以降は、アメリカとの関係を何よりも優先するようになる。

二〇〇二年に、新保守主義（ネオ・コンサバティブ）を代表する理論家のロバート・ケーガンが、「強さと弱さ（Power and Weakness）」と題する論文を発表して、ブッシュ政権にも大きな影響を与えたが、これがヨーロッパでも論争の的となった。(65) ケーガンはそのなかで、アメリカとヨーロッパの外交理念の違いを見事に描き、ヨーロッパが「金星（Venus）」すなわち「愛と美の神」を象徴するのに対して、アメリカが「火星（Mars）」すなわち「戦いの神」を象徴するとした。ブレアのイギリスはこの両者の狭間に立って、米欧対立の亀裂

表–5　アメリカとEUをめぐる世論調査②

〔質問：「現時点で、自国の死活的な利益に対して、欧州連合とアメリカと、どちらがより重要か？」（%）〕

	英	仏	独	欧州
欧州連合	53(56)	95(93)	81(55)	77(70)
アメリカ	36(37)	3 (4)	9(20)	13(17)
同様に重要	7 (5)	1 (1)	8(22)	7(10)
わからない	4 (3)	1 (1)	2 (3)	3 (3)

＊（　）内の数字は、2002年調査の結果

出典：*Transatlantic Trends 2003: Topline Date*（TNS sofres, July 2003）

を埋めようと尽力した。しかし二〇〇二年秋から二〇〇三年三月のイラク戦争勃発に至るまでの半年間は、米欧間の亀裂がここ半世紀の間でも最も深まっていった時期だった。[66]

イラク戦争は、米欧関係の一体性を前提にして、アメリカとの関係を強めることでEU内での影響力を増そうと考えていたブレアの戦略が行き詰まったことを象徴していた。イギリス国民の多くは、ブッシュ政権の強硬なイラク政策に対して明らかに批判的な姿勢を示し、ロンドンなど各地で歴史上稀に見る大規模な反戦デモが展開された。イラク戦争後に行われた世論調査でも、イギリス国民がアメリカよりもEUの役割を重視していることが示されている（表–4、5参照）。[67] そのことは、イラク戦争後のブレアの政策にも、微妙に反映されるようになっていく。二〇〇三年三月二〇日にはじまったイラク戦争は、五月一日にはジョージ・W・ブッシュ大統領の「戦争終結宣言」によって、幕を閉じた。しかし戦争の正当性をめぐって、さらには占領統治の方法をめぐって、イギリスは国際的にも困難な立場に置かれた。それはブレア政権の存立基盤さえをも揺

るがすものであった。

ブレア首相はイラク戦争終結後、次第に自らの対外政策姿勢を修正するようになっていった。つまり、それまでアメリカに偏りすぎていた軸足を次第にヨーロッパに移して、欧州防衛統合をさらに前進させるために行動するようになっていく。それはまた、政権一期目のＥＵ政策を復元することをも意味していた。そのことは、二〇〇三年一〇月一〇日のブレアの外交演説のなかに明瞭に示されていた。そこでブレアは、欧州懐疑派と反米主義という二つの潮流を排する必要を指摘して、次のように論じた。「今日の世界におけるイギリスの地位を支える二つの柱を再確認したい。それは、アメリカとの同盟関係と、ＥＵへの加盟である。これらは相互に、補完し合っているのだ。」その上で、彼は米欧協力の必要性を主張する。「ボスニアとコソボを持ち出すまでもないが、イラクとアフガニスタンはもう一つの教訓を与えている。」つまり、「そのような試みにおいて、アメリカとヨーロッパがともに協力する以外に、正常なる選択肢はないのだ。」[68] それまでイラク戦争で、アメリカとの関係を優先して仏独両国との関係を損なっていたブレアは、二〇〇三年九月以降には仏独両国政府との関係を修復することに多大な時間を費やしたのである。

ブレア首相は、イラク戦争での欧州諸国間の協力の限界を防衛能力上の問題とみなし、防衛能力向上によってＥＵの結束の維持を目指すようになる。二〇〇三年一二月に公表された防衛戦略の文書のなかでも、この点が次のように指摘されている。「米軍との相互運用性（interoperability）の向上が主

表–6　イラク復興をめぐる世論調査

〔質問：「イラク復興の推進は、誰が信頼されて行うべきか？」(%)〕

	英	仏	独	欧州
アメリカ	20	10	23	18
EU とその加盟国	29	24	43	25
国連	72	53	69	58
イラク暫定政権	59	39	57	44
いずれでもない	2	1	0	2
わからない	1	2	1	2

「欧州」は、EU 加盟15カ国（2003年当時）

出典：*Eurobarometer* Oct. 2003

要な焦点の一つであるが、他方でわれわれは欧州諸国やその他の同盟国と共同で行動をとる能力をさらに向上させる必要があるだろう。」[69]つまりは、欧州防衛協力の限界を「相互運用性」の問題として捉え、防衛能力向上をその基礎と考えている。そのため、「多国間の作戦を遂行するのに必要な能力を向上させるよう、他国を励まし支援することは、われわれの政策の重要な要素である。」イラク戦争の教訓として、国際協調の基礎に、規格統一や相互運用性の問題を視野に入れた防衛能力向上を置き、欧州レベルでそれを目指すことが、二〇〇三年九月から一二月に至る時期の、欧州防衛統合の前進の一つの背景であった[70]。

このようにして、二〇〇三年九月から一二月にかけてイギリス政府はアメリカとの協調関係を維持しながらも、むしろＥＵとしての防衛統合に力を注いだ。つまりは、軸足を「アメリカとの同盟関係」だけではなく、「ＥＵ加盟」へと動かしていった。同様にしてフランス政府もまた、欧州防衛統合を実効的に進めるためにイギリスの力が必要なことを再認識していた。一〇月一九日のロンドンでの講演のなかで、ドミニク・ドヴィルパン仏外相は次のように述べていた。「欧州防衛なくしては、ヨーロッパは成り立たない。そしてイギリスなくしては、欧州防衛は成り立たないのだ。」[71]

このような英仏独の協調関係は、二〇〇三年一二月に採択されたEUの安全保障戦略文書、『欧州安全保障戦略（*European Security Strategy*）』に結実している。[72] ちなみにこの文書を作成した中心人物は、EU理事会対外政策局長で、イギリス人外交官としてそれまでブレアに対して多大な影響力を有していたロバート・クーパーであり、イギリスの役割は小さくなかった。[73] 実効的で具体的な軍事戦略の構築がEUには必要であると考えられており、その意味でも戦略文書の採択は大きな前進と評価すべきであろう。この欧州戦略文書のなかでは、ブッシュ政権の用いた「先制攻撃（pre-emptive strike）」という概念に対抗して、「予防的関与（preventive engagement）」という概念が用いられている。これは当初の草案文のなかで、「先制関与（pre-emptive engagement）」という言葉が用いられていたことから明らかなように、アメリカの世界戦略に対抗する姿勢が見られる。[74] この戦略文書を、ブレア首相は次のように評している。「この文書は、大西洋同盟をきわめて強固に維持するための好機をわれわれに提供している。しかし同時に、アメリカが作戦に関与しないような状況で、ヨーロッパの利益が死活的である場合に、ヨーロッパが行動することができることを確約しているのだ。」[75] ブレア首相は、イラクの大量破壊兵器の存在に関しての情報操作疑惑をめぐる審査が国内で続けられるなかで、ブッシュ大統領を説得しながら、仏独両国首脳と接近して、欧州戦略文書の作成を支えていた。

二〇〇四年二月一八日、ベルリンで英仏独三国首脳会談が開かれた。『エコノミスト』誌はこれを、EUの対外政策の新たな重要な動向と評価していた[76]。つまりは、二〇〇三年末にこの三国が接近したことにより、EUの新しい政治は、この三国を中心に進められるという想定である[77]。そこから除外されていたイタリアの外相フランコ・フラッティーニはこのことを指摘して、「ヨーロッパの統一性を脅かすような切り離された中核という、インフォーマルな幹部会(directorate)をつくるべきではない」と不満を述べた[78]。

このような動きは、二〇〇三年末に突然はじまったわけではない。ブレア政権は、一九九七年の成立当初から仏独などのヨーロッパ大陸諸国から温かく迎えられていた。そして、欧州防衛統合はあくまでも、英仏両国のイニシアティブに基づいて発展してきた。またイラク戦争に至る過程で、ゲアハルト・シュレーダー独首相は緊密にブレア首相と連絡を取り合って、アメリカとの関係修復を模索していた。とすれば、このような英仏独三国による協調体制はむしろ、必然的な流れともいえる。『ガーディアン』紙のブリュッセル駐在員イアン・ブラックは、「首相官邸は、『三大国主義』と呼ばれるようなものを構築することに、熱心である」と指摘している[79]。

このように見ると、イギリスは従来同様にアメリカとの緊密な関係を維持しながらも、他方でイラク戦争の教訓として、欧州防衛統合をさらに発展させる必要を認識したといえるだろう。従来の六万人規模の緊急展開部隊に加えて、二〇〇四年二月一一日の英仏独三国政府間の協議で、一五〇〇人規模のＥＵ戦闘部隊創設が提案された。これは前者に比べて、より強力な前方展開能力と戦闘能力を備えたものを想定している[80]。ブレア首相は、イラク戦争に反対するイギリス市民の大規模なデモに直面するなかで、自らの外交政策の基軸を微調整して、ヨーロッパとの関係を修復していったのだ。

（2）ユーロ参加問題

イラク戦争終結後間もない二〇〇三年六月九日、ゴードン・ブラウン財務相は下院において、イギリスは依然として単一通貨ユーロに参加する段階にはないことを、財務省による二〇〇頁を超える詳細な検討報告書をもとに明らかにした。このことは、シティの金融界および対英投資を行う産業界の多数、そしてイギリスのユーロ参加を期待していた多くの親欧州派の議員を失望させた。翌日一〇日にはトニー・ブレア首相が、ブラウン財務相とともに共同記者会見に臨み、現時点でのイギリス政府のユーロ参加問題をめぐる基本姿勢を明らかにした。そこで両者は、基本的には二人とも「親欧州的」であり、イギリスがユーロに参加する時点が到来することを期待するが、現時点でイギリスがユーロに参加することは、一九九七年にブラウン財務相が示した参加のための「五条件」のうちの四項目が依然として満たされていないため、困難であると述べた[81]。

簡単に説明すると、ブレア政権のユーロ参加政策については、「政治的理由」からブレア首相やロビン・クック前外相が参加を主張する一方で、ブラウン財務相が「経済的理由」から早期の参加を敬遠するという構図が見られる。[82] ブラウン財務相は野党時代には、イギリスのユーロ参加を強く支持していたが財務相就任後は、むしろ財務官僚の意向を受け入れて、参加に懐疑的となっていった。ブラウンもイギリスがユーロに参加する「政治的理由」は理解している。しかしそれより「経済的理由」を重視していたのである。

二〇〇一年六月の総選挙での大勝後、内閣改造を行う際に、ブレア首相はクック外相とスティーブン・バイヤーズ貿易相を更迭していた。[83] これはユーロ参加問題をめぐって、非常に象徴的である。というのもこの二人は、閣内でのユーロ参加「積極派」だったからである。ブレアはこの時点で、ブラウン財務相の路線を大幅に受け入れたことになる。またクックとバイヤーズの更迭によって、この後ユーロ参加問題は、ブレア首相とブラウン財務相の二人の意向に大きく依存することになる。ブレア首相は、クック外相の早急なユーロ参加方針に同意しなかったものの、ブラウン財務相よりは積極的にユーロ参加を希望していた。しかし一九九九年の「ヨーロッパのなかのイギリス」キャンペーンは半ば挫折に終わり、イギリス国内の世論調査でも参加積極派の割合はなかなか上昇しなかった。

そのようななかで、ブレアは党内に亀裂をもたらし、自らの政治生命を危険にさらすユーロ参加問題を意図的に、政治の争点からはずすようになる。しかし二〇〇一年の総選挙の二年後にはユーロ参加問題の基本方針を明示すると宣言していたブレア首相は、「二〇〇三年」には立場を明らかにせねばならなかった。ブレア首相は、ユーロ参加問題の結論を後回しにすることを選び、六月一〇日の共同記者会見のなかで、参加のための「国民投票」を早期に行わない方針を示すことになる。この声明を聞いて、『フィナンシャル・タイムズ』紙のフィリップ・スティーブンスは、「トニー・ブレア政権の憂鬱な瞬間である」と断じた[84]。また『ガーディアン』紙のヒューゴー・ヤングは、「ブラウンの言明は、反欧州主義者にとっての偉大なる勝利を象徴している」と論じている[85]。

ブレアには、ユーロ参加の見送りを決断するいくつかの理由があった。第一に、国内世論が十分に参加積極派に傾いていない時点で国民投票を行い、参加反対票が多数という結果で終わったときに、ブレアの政治生命の終焉、あるいは労働党政権の崩壊が生じる可能性がある。それほどまでに、ユーロ参加問題はイギリス政治にとって大きな問題であった。労働党政権は、過去に一度も連続三期にわたって政権を運営したことがない。最長でも二期で終わっている。それゆえブレアは非常に強い使命感をもって、三期目突入を目指していた。したがって、三度目の総選挙を前にしてこのような危険な政治的賭けに出ることは避けたのである。

第二に、イラク戦争により党内に深刻な亀裂が生じるなかで、ユーロ参加問題というきわめて困難な問題に強引な方法によって結論を出そうとすれば、党内分裂により政権が崩壊する可能性があった。ブレアは、保守党がヨーロッパ統合をめぐる党内対立によって、硬直化して大胆な政策を提唱できない行き詰まり状況をよく知っており、労働党が同じ道を進むべきではないと考えていた。それゆえ、何よりも党内融和を優先して、ユーロ参加問題についても党内意見調整と国内世論の喚起を優先すべ

き と判断したのである。イラク戦争による党内の亀裂の深刻化は、このようにしてユーロ参加問題に結論を出すことを困難にした。

すでに五月一五日の時点で、イギリス政府がユーロ参加を延期する方針が、ブレアとブラウンの合意として明らかにされていた(86)。この間に、ブレアとブラウンとの間で「取引」があったといわれている。それは、ブラウン財務相の主張の通りイギリスのユーロ参加を延期する一方で、ブレア首相の主張の通り、ユーロ参加を前提とした政策を強化する姿勢を明らかにしたことである。それゆえ、六月一〇日のブレアとブラウンの共同記者会見では、両者ともユーロ参加に原則的に賛成しているということ、そしてそれに向けて積極的に政策を展開することを明言した。これはブラウン財務相にとっての妥協であった。財務省はそこまで明確に、ユーロ参加の姿勢を明らかにすることを望んでいなかった。とはいえ、参加を決断する具体的時期はこのときはまったく明かされていなかった。

(3) 欧州憲法条約へ向けて

第二次ブレア政権におけるEU政策において主要な争点は、イラク戦争をめぐる米欧対立とユーロ参加問題ばかりではなかった。実に地味ではあるが、長期的にはイギリスに大きな影響をおよぼすであろう、欧州憲法条約作成過程もまた、無視できない重要なプロセスであった。この草案作業に加わったピーター・ヘインは、ブレア首相からそれに関与する任務を依頼されたときに、「これはイラク

よりも、もっと重要である」といわれていた。(87)

二〇〇一年一二月、ブリュッセルのラーケン欧州理事会で、「ヨーロッパの将来像（The Future of Europe）」に関するコンベンションを開催することが決定した。これは、新規加盟国が加わる見込みがあるなかで、いかにしてEUの機構改革を進めて、民主的で実効的な機構へと改組するかを検討するための会議であった。このコンベンションの幹部会（presidium）には、外務省欧州担当閣外相であったピーター・ヘインと、下院議会を代表して労働党のジズラ・スチュアートの二人が参加しており、さらには事務局長としての重要な地位に、元外務事務次官で駐米大使とEU大使を歴任したサー・ジョン・カーが就いた。カーは、マーストリヒト条約の草案過程でも重要な役割を果たした老獪な外交官である。(88)

このコンベンションのなかで、イギリスはいくつかの局面で重要な役割を担った。まず、欧州理事会常任議長（President of the European Council）のポストの問題である。ドイツ外相のヨシュカ・フィッシャーは、欧州委員会の委員長と欧州理事会の常任議長を兼任する、EUの「大統領」に相当するポストを創設しようと提案した。ところが、イギリスとフランスは共同でこの提案に反対して、この二つを併置する対案を出した。イギリス外務省で、ヘインの後任として欧州担当閣外相に就いたデニス・マクシェーンは、フィッシャー案を批判して、これが「ヨーロッパの皇帝（カイザー）」をつくることになるとして敬遠した。(89)

イギリスは、政府間主義的な統合としての、「諸国間のパートナーシップ」に基づいたヨーロッパ統合を繰り返し主張していたので、ときおりフィッシャー独外相などから提案される、連邦主義的な構想に抵抗を示した。基本的には、幹部会議長のヴァレリー・ジスカール゠デスタン仏元大統領も、フランス政府も、イギリスと同様の立場に立っていた。しかしEUの対外政策の強化の問題になると、フランスはドイツと歩調を合わせる姿勢を見せていた。例えば、EUの「外務大臣」ポストの創設を仏独は共同で提案したが、イギリスは強い反対を示した。(90) さらにはイギリスにとって不幸なことに、二〇〇二年から二〇〇三年にかけて、イラク問題をめぐってイギリスと仏独との関係がこじれると、仏独両国政府はよりいっそう歩調を合わせるようになる。イギリスは、EUの対外政策の決定が、多数決（QMV）によりなされることには反対であった。イラク問題をめぐって、あるいは欧州憲法草案作業をめぐって、仏独の結束とイギリスの孤立が浮き上がるようになった。

ブレア政権のイギリスにとってさらに不幸なことには、二〇〇三年春頃から急にイギリスの反欧州的なメディアが、コンベンションの作業に辛辣な批判をしはじめるようになった。例えば、『デイリー・メール』紙は、「国を救うための投票を」というキャンペーンを展開し、欧州憲法条約へ向けて国民投票を行うべきだと論じはじめ、『サン』紙は、ジスカール゠デスタンが「イギリスの自由を終わらせようと計画している」と悪意を込めた批判を繰り広げた。(91) これによって、コンベンションのなかでイギリスは従来にもまして、ラディカルな構想には反対せざるを得なくなってしまった。

ところが、二〇〇三年六月のテッサロニキ欧州理事会で明かされた欧州憲法条約草案は、必ずしもラディカルな超国家的な統合のプランが多く盛り込まれていたわけではなく、むしろイギリスが求めていた政府間協力による統合の進展を目指す路線が色濃く見られた。ストロー外相によれば、これは「諸国よりなる欧州連合」の実現であり、イギリスの勝利でもあった(92)。バーミンガム大学のアナン・メノン教授（当時）はしたがって、コンベンションはイギリス政府にとっての「成功だ」と評価している(93)。

この欧州憲法条約草案は、修正が加えられた上で、二〇〇四年六月一八日にEU加盟各国首脳により合意され、一〇月二九日にローマにて調印された。九月九日の下院の討議において、ストロー外相は「われわれはすばらしい結果に到達した」と評し、コンベンションの草案に加えた八〇カ所の修正のうち、三九カ所がイギリス政府の主張によるものだと論じた。また、欧州憲法条約によって「自由に協力する諸国による、より実効的な欧州連合」が生まれると述べ、「そのなかでイギリスは繁栄し、世界での影響力を増すことができる」と論じた(94)。さらにストローは、欧州憲法に批判的な野党保守党を牽制し、「神話」ではなくて、「事実」に基づいて議論をすべきだと語り、批准を決める国民投票へ向けて不毛な論争をすることのないようイギリス国民に忠告していた。「イギリスは、脇へと退いている余裕などないのだ。」

またブレア首相は、欧州憲法条約についてのイギリス政府の白書の前文で、「これは、イギリスにとってもヨーロッパにとっても、良い結果だと考える」と記した。さらには、「条約作成過程で、われわれが重要な役割を担ったことは誇るべきであり、それはEUのなかでも広く認知されている」と論じている。[95]ヨーロッパ統合においてリーダーシップを発揮したいというブレア首相の切実な希望は、この欧州憲法条約草案過程において、部分的には果たされたといえるだろう。

ところが問題は、ユーロ参加と欧州憲法条約という二つの困難な問題について、ブレア首相が国民投票実施を宣言したことだった。欧州懐疑派や反欧州派の多いメディアに影響を受けたイギリス国民が、どのような結果を出すかは予断を許さない。ブレアの希望が、イギリス国民によって裏切られることになるかもしれない。ブレアは、残りの年月のなかで国民を説得できるものと確信していたが、イラク戦争を契機にブレアの国内での信用は大きく傷ついていた。国民と良好な関係を築きながら、EUのなかでリーダーシップを発揮するという作業は、その後のイギリス政治においてよりいっそう難しい問題となっていく。

困難な道のり

これまで見てきたように、ブレア首相は首相就任以降、明確な立場で親欧州的な政策を主張してきた。そして、労働党は一九八〇年代初頭の党内分裂の反省から、そして一九九〇年代以来の保守党内の混迷という教訓から、おおよそブレアのＥＵ政策を支持してきた。しかしイギリス国民の側は、一九九〇年代に主要紙が欧州懐疑的な立場を強めたことを背景に、ＥＵをイデオロギー的に嫌悪する姿勢を示すようになっていた。

このことは、二〇〇四年六月の欧州州議会選挙、およびイギリス地方選挙の結果にも示されている。明確に欧州懐疑的な立場を示すイギリス独立党が、欧州議会選挙では前回と比べて一六％も得票数を増加させて、与党労働党よりも多くの票を得ることになった(96)。欧州議会選挙は直接国政には影響を与えないために、総じて政権与党に批判的な選挙結果となることが多いのだが、だとしても、過激なＥＵ批判を繰り広げる欧州懐疑派政党が、与党よりも多くの票を得たことは労働党にとっては衝撃であった。イギリス独立党は、保守党に次いで二番目に多くの議席数を得ることになり、欧州議会に一二の議席を確保することになった。与党である労働党はこのイギリス独立党の後塵を拝して、欧州議会では第三党となった。

ブレア労働党政権は、イギリス国民の間に根強いヨーロッパ統合への批判があることを理解していた。ブレアは首相に就任した一九九七年の一二月に、翌年から欧州理事会議長国となることを受けて演説を行った。その演説の題目は、「人々のためのヨーロッパ」であった(97)。ＥＵが十分に改革をして市民のために機能するのでなければ、ＥＵが市民に受け入れてもらえることはない。それがブレアにとっての、議長国としての課題であると論じた。そして、一九九九年には、すでに見てきたように、ブレアのリーダーシップによって「ヨーロッパのなかのイギリス」運動を展開し、欧州懐疑的なマスメディアに対抗して、国民にヨーロッパ統合の意義を直接訴えようと試みた。

　イギリスの国民がヨーロッパ統合に積極的に関与してこなかった一つの理由は、彼らにとってヨーロッパ統合が十分に民主的ではないと感じられたからであった。少なくとも、イギリス人になじみのある議会を通じた民主主義という伝統からすれば、ＥＵはそれが十分には反映されているとはみなされなかった[98]。それは欧州憲法条約の草案過程で、新しい改革の一つの課題となっていた。自らがより深く関与することで、より市民に近いＥＵをつくろうとイギリス政府は試みていた。

　とはいえ、依然としてイギリス国民は、ヨーロッパ統合に対して明確な情熱を示していたわけではない。それはこれ以降のイギリス政治の課題であり、ＥＵの改革にとっても重要だがきわめて困難な課題であった。

（1）　イギリスのＥＣ加盟に至るまでの時期のヨーロッパとの関係を検討した優れた概説史的研究は、1章でもとりあげたが、代表的なものとして、David Gowland and Arthur Turner, *Reluctant Europeans: Britain and European Integration 1945–1998* (London: Longman, 2000); David Gowland and Arthur Turner (eds.), *Britain and European Integration 1945–1998: A Documentary History* (London: Routledge, 2000); Sean Greenwood, *Britain and European Cooperation since 1945* (Oxford: Blackwell, 1992); idem., *Britain *and European Integration since the Second World War* (Manchester: Manchester University Press, 1996); Alex May, *Britain and Europe since 1945*, (London: Longman, 1999); John W. Young, *Britain and European Unity, 1945–1999*, 2nd edition (London: Palgrave, 2000) などが挙げられる。

(2) この点については、例えば、Ben Rosamond, "The Europeanization of British Politics", in Patrick Dunleavy, Andrew Gamble, Richard Heffernan and Gillian Peele (eds.), *Developments in British Politics 7* (Basingstoke: Palgrave, 2003) pp.39–59 を参照。

(3) Andrew Geddes, *The European Union and British Politics* (Basingstoke: Palgrave, 2004) pp.92–93.

(4) Gowland and Turner, *Reluctant Europeans*, p.253.

(5) Geddes, *The European Union and British Politics*, p.181.

(6) Gowland and Turner, *Reluctant Europeans*, pp.248–249.

(7) 細谷雄一「パートナーとしてのアメリカ―イギリス外交の中で」押村高編『帝国アメリカのイメージ―国際社会との広がるギャップ』(早稲田大学出版部、二〇〇四年) 八〇―八三頁。

(8) Geddes, *The European Union and British Politics*, p.141.

(9) 「ドロールEC委員長の欧州議会発言」遠藤乾編『原典　ヨーロッパ統合史―史料と解説』(名古屋大学出版会、二〇〇八年) 五〇八頁、および遠藤乾「サッチャーとドゴール　一九七九―九〇年―劇場化されるヨーロッパ」細谷編『イギリスとヨーロッパ―孤立と統合の二百年』(勁草書房、二〇〇九年) 二五三―二五四頁。

(10) Young, *Britain and European Unity 1945–1999*, p.144.

(11) 「サッチャー英首相のブリュージュ演説」遠藤編『原典　ヨーロッパ統合史』五〇八―五〇九頁。

(12) マーガレット・サッチャー『サッチャー回顧録―ダウニング街の日々(下)』石塚雅彦訳(日本経済新聞社、一九九三年) 三五四頁。

(13) Geddes, *Britain and the European Union*, p.230.

(14) Geddes, *The European Union and British Poli-*

tics, p.141.

(15) John Major, *The Autobiography* (London: HarperCollins 1999) pp.268–269; David Reynolds, "Britain and the World since 1945: Narratives of Decline of Transformation?", in Kathleen Burke (ed.), *The British Isles since 1945: Short Oxford History of the British Isles* (Oxford: Oxford University Press, 2003) p.174.

(16) Geddes, *The European Union and British Politics*, p.199.

(17) Major, *Autobiography*, pp.350–351.

(18) Geddes, *The European Union and British Politics*, pp.141–142.

(19) このイギリス独立党の発展については、若松邦弘「自由主義右派の政党組織化—連合王国独立党（ＵＫＩＰ）の展開と政党政治上の意味」『国際関係論叢』第二巻第二号（二〇一三年）四九—九二頁を参照。

(20) Nigel Farage, "From the Wistful to the Inevitable", in Martin Rosenbaum (ed.), *Britain & Europe: The Choices We Face* (Oxford: Oxford University Press, 2001) p.265.

(21) Ibid., p.268.

(22) Julie Smith, "The European Dividing Line in Party Politics", *International Affairs*, vol.88, no.6 (2012), pp.1285–1286.

(23) Philip Lynch, "The Conservatives and the European Union: The Lull before the Storm?", in Simon Lee and Matt Beech (eds.), *The Conservatives under David Cameron: Built to Last?* (Basingstoke: Palgrave, 2009) p.196.

(24) Ibid, pp.186–189.

(25) Ibid, p.214.

(26) Gowland and Turner, *The Reluctant Europeans*, pp.356–357; Simon Bulmer, "European Policy: Fresh Start or False Dawn?", in David Coats and Peter Lawler (eds.), *New Labour in Power* (Manchester: Manchester University Press, 2000) p.247.

(27) Geddes, *The European Union and British Politics*, p.212.

(28) Peter Riddell, "EMU and the Press", in Andrew

Duff (ed.), *Understanding the EURO* (London: The Federal Trust, 1998) p.112.

（29） Margaret Scammell, "The Media and Media Management", in Anthony Seldon (ed.), *The Blair Effect: the Blair Government 1997-2001* (London: Little, Brown, 2001) p.509.

（30） Ibid, p.511.

（31） Young, *Britain and European Unity 1945-1999*, p.178. なお、ブレアの欧州政策を安全保障やアメリカとの関係を中心に検討したものとして、細谷雄一『倫理的な戦争―トニー・ブレアの栄光と挫折』（慶應義塾大学出版会、二〇〇九年）第三章を参照。

（32） John Rentoul, *Tony Blair: Prime Minister* (London: Time Warner, 2001) p.73.

（33） トニー・ブレアの政治的経歴については、Rentoul, *Tony Blair* 以外でも、Anthony Seldon, *Blair* (London: Simon & Schuster, 2004); Philip Stephens, *Tony Blair: The Making of a World Leader* (London: Viking, 2004) などがある。

（34） Tony Blair, *New Britain: My Vision of a Young Country* (London: Fourth Estate, 1996) p.280.

（35） ブレアの党首および首相としてのリーダーシップについては、Peter Clarke, *A Question of Leadership: From Gladstone to Blair*, 2nd edition (London: Penguin, 1999) chapter 14 "Blair: Moral Populism Reappropriated", および、Peter Hennesy, *The Prime Minister: The Office and Its Holders since 1945* (London: Penguin, 2000) chapter 18 "Command and Control: Tony Blair, 1997-" を参照した。いずれも、ブレアの政治的リーダーシップが、イギリスの伝統的な「同輩中の首長（*primus inter pares*）」を否定した、「大統領的」な、そしてときには、「独裁的」なものであることの功罪を指摘している。

（36） Andrew Chadwick and Richard Heffernan (eds.), *The New Labour: Reader* (Cambridge: Polity, 2003) p.223.

（37） Ibid.

（38） ブレア労働党のメディア政策と世論操作については、Scammell, "The Media and Media Management", Peter Humphreys, "New Labour Policies for the Media and the Arts", in Coats and Lawler (eds.), *New Labour in Power*, pp.221-239 などを参照。

(39) Geddes, *The European Union and British Politics*, p.206.

(40) Gowland and Turner, *The Reluctant Europeans*, pp.336-340. ブレア政権のEU政策については、Bulmer, "European Policy", pp.240-249; Philip Stephens, "The Blair Government and Europe", *Political Quarterly*, vol.72, no.1 (2001) pp.67-75; Kirsty Hughes and Edward Smith, "New Labour – New Europe?", *International Affairs*, vol.74, no.1 (1998), pp.93-103; Anne Deighton, "European Union Policy", in Seldon (ed.), *The Blair Effect*, pp.307-330 を参照。

(41) Stephens, "The Blair Government and Europe", p.68.

(42) Ibid., p.67.

(43) Andrew Russell, "New Labour and the Electorate", in Coats and Lawler (eds.), *New Labour in Power*, pp.21-22.

(44) Foreign & Commonwealth Office, *A Partnership of Nations: The British Approach to the European Union Intergovernmental Conference 1996*, Cm3181 (London: Her Majesty's Stationery Office, 1996); Bulmer, "European Policy", p.243.

(45) Stephens, "The Blair Government and Europe", p.68.

(46) Bulmer, "European Policy", p.243.

(47) Blair, *New Britain*, chapter 33 "Britain in Europe", pp.280-287.

(48) Deighton, "European Union Policy", p.311.

(49) Geddes, *The European Union and British Politics*, p.206.

(50) *The Sun*, "Page One Opinion", 24 June 1998, also in Gowland and Turner (eds.), *Britain and European Integration*, pp.220-221; Scammell, "The Media and Media Management", p.514.

(51) Gowland and Turner, *The Reluctant Europeans*, p.354.

(52) Bulmer, "European Policy", p.248. ブレア政権のヨーロッパ統合におけるリーダーシップを求める姿勢については、細谷『倫理的な戦争』第三章、および Charles Grant, *Can Britain Lead in Europe?* (London: Centre for European Reform, 1998) を参照。

(53) Bulmer, "European Policy", p.251.「ヨーロッパのなかのイギリス」運動については、インターネットのサイトである、http://www.britainineurope.org.uk/aboutus を参照。

(54) Bulmer, "European Policy", p.249.

(55) Grant, *Can Britain Lead in Europe?*

(56) *The Independent*, 5 January 1998. 以下も参照。Gowland and Turner (eds.), *Britain and European Integration*, pp.221-222; Gowland and Turner, *The Reluctant Europeans*, pp.358-359.

(57) Ibid., pp.204-208; Geddes, *The European Union and British Politics*, p.190.

(58) Speech by Tony Blair, "The Case for Britain in Europe", at the Launch of the Britain in Europe Campaign, 14 October 1999.

(59) Speech by Robin Cook, "Britain's Future in Europe", Britain in Europe Campaign Event, London, 23 November 1999.

(60) Tony Blair to the Associated Press Luncheon, London, 15 December 1998; Deighton, "European Union Policy", p.310.

(61) ブレア政権のイラク戦争への関与については、多くの文献が見られる。代表的なものとして、John Jampfner, *Blair's Wars* (London: Free Press, 2003); David Coats and Joel Kriger, *Blair's War* (Cambridge: Polity, 2004); William Shawcross, *Allies: the U.S., Britain, Europe, and the War in Iraq* (New York: PublicAffairs, 2004); Peter Riddell, *Hug Them Close: Blair, Clinton, Bush and the "Special Relationship"* (London: Politico's, 2003)、山本浩『決断の代償―ブレアのイラク戦争』(講談社、二〇〇四年)、梅川正美・阪野智一編『ブレアのイラク戦争―イギリスの世界戦略』(朝日新聞社、二〇〇四年)、小川浩之「ブレア政権の対応外交」櫻田大造・伊藤剛編『比較外交政策―イラク戦争への対応外交』(明石書店、二〇〇四年)、細谷『倫理的な戦争』。

(62) Seldon, *Blair*, pp.461-467; Patrick Dunleavy *et al.*,

"Introduction: Transformations in British Politics", in Dunleavy *et al.*, (eds.), *Developments in British Politics*, pp.2-7.

(63) Stephens, *Tony Blair*, pp.xviii-xiv.

(64) Jolyon Howorth, "Britain, France and the European Defence Initiative", *Survival*, vol.42, no.2 (2000) pp.33-55, 植田隆子「欧州連合の防衛能力—共通外交安全保障政策の強化問題」村田良平編『ＥＵ—二十一世紀の政治課題』(勁草書房、一九九九年)、同「欧州連合の拡大と欧州安全保障防衛政策(危機管理問題)」植田編『現代ヨーロッパ国際政治』(岩波書店、二〇〇三年) 第3章を参照。

(65) Robert Kagan, "Power and Weakness", *Policy Review*, no.113, June/July 2002, pp.3-28.

(66) 細谷雄一「米欧関係とイラク戦争—冷戦後の大西洋同盟の変容」『国際問題』第五二三号(二〇〇三年)五〇—六四頁。

(67) イラク戦争へ至る過程でのイギリス国内世論の動向については、富崎隆「国内世論の分裂—ブレアの支持か不支持か」梅川・阪野編『ブレアのイラク戦争』を参照。

(68) Tony Blair's Speech at the Lord Mayor's Banquet, 10 October 2003.

(69) Ministry of Defence, *Delivering Security in a Changing World: Defence White Paper* (London: The Stationery Office, 2003) p.19.

(70) "Blair Accepts European Defence Deal", *The Guardian*, November 29, 2003; "Blair and Chirac in Show of Unity", *The Guardian*, November 24, 2003. 以下も参照。Jolyon Howorth, "France, Britain and the Euro-Atlantic Crisis", *Survival*, vol.45, no.4, Winter 2003-04 (2003) p.187.

(71) Cited in ibid., p.188.

(72) The Council of the European Union, "A Secure Europe in a Better World: European Security Strategy", 12 December 2003; Ian Black, "EU Aims to Secure Better World", *The Guardian*, December 12, 2003.

(73) Ian Black, "Iraq Splits EU Summit as Blair Backs US", *The Guardian*, December 13, 2004.

(74) Black, "EU Aims to Secure Better World".

(75) Black, "Iraq Splits EU Summit as Blair Backs US".

(76) "Charlemagne: Three's a Crowd", *The Economist*, January 29, 2004.

(77) Ian Black, "Britain Joins EU 'ménage à trois'", *The Guardian*, January 16, 2004.

(78) "Charlemagne: Three's a Crowd", *The Economist*, January 29, 2004.

(79) *The Economist*, January 29, 2004.

(80) 『読売新聞』二〇〇四年二月一一日付。

(81) George Wright, "Key Points: Gordon Brown's Statement on the Euro", *The Guardian*, June 9, 2003; "The Road Not Taken", *The Guardian*, June 10, 2003; Matthew Tempest, "The Blair-Brown Press Conference", *The Guardian*, June 10, 2003; "The Bagehot: Body Double", *The Economist*, June 12, 2003; "Britain and Euro", *The Economist*, June 12, 2003. 一九九七年にブラウン財務相の示したユーロ参加のための「五条件」については、Gordon Brown, "Speech on European Monetary Union to the House of Commons, October 1997", in Chadwick and Heffernan (eds.), *The New Labour Reader*, pp.248–252; Alasdair Blair, *Saving the Pound: Britain's Road to Monetary Union* (London: Pearson, 2002) p.217; Gowland and Turner (eds.), *Britain and European Integration*, pp.217–219を参照。

(82) Blair, *Saving the Pound*, p.215.

(83) Ibid., p.225.

(84) *Financial Times*, June 10; *The Guardian*, June 11, 2003.

(85) Hugo Young, "A Tight Treasury Fist Still Grips Our European Future", *The Guardian*, June 10, 2003.

(86) Larry Elliott and Michael White, "Blair-Brown Deal Puts off Euro Referendum", *The Guardian*, May 16, 2003.

(87) Peter Norman, *The Accidental Constitution: The Story of the European Convention* (Brussels: EuroComment, 2003) p.198.

(88) David Allen, "The Convention and the Draft

Constitution Treaty", in Fraser Cameron (ed.), *The Future of Europe: Integration and Enlargement* (London: Routledge, 2004) p.20.

(89) Anand Menon, "Britain and the Convention on the Future of Europe", *International Affairs*, vol.79, no.5 (2003) p.971; Norman, *The Accidental Constitution*, pp.137-140.

(90) Menon, "Britain and the Convention on the Future of Europe", p.972.

(91) Ibid., p.975.

(92) Jack Straw, "This is a Treaty for an Effective European Union of Nations", 24 June, 2004, speech at Bloomberg Reception.

(93) Menon, "Britain and the Convention on the Future of Europe", p.963.

(94) Jack Straw, "White Paper on the Treaty for a European Constitution", 9 September 2004, speech at the House of Commons.

(95) Tony Blair "Foreword" to, Foreign & Commonwealth Office, *White Paper on the Treaty Establishing a Constitution for Europe*, Cm6309 (London: Her Majesty's Stationery Office, 2004) p.1.

(96) *The Economist*, June 17, 2004.

(97) Tony Blair, Speech on the British Presidency, "Europe Working for People", 6 December 1997.

(98) この点については、Philip Giddings and Gavin Drewry (eds.), *Britain in the European Union: Law, Policy and Parliament* (Basingstoke: Palgrave, 2004) 所収の各論文が詳しく検討している。

第3章　欧州憲法条約からリスボン条約へ
――「やっかいなパートナー」の再来？

行き詰まるヨーロッパ統合

二〇〇五年五月二九日、フランスにおける国民投票によって、欧州憲法条約は否決された。フランスのジャック・シラク大統領はそれを受けて、国民に向けて次のような声明を発表した。

「この投票は、ヨーロッパの理想に対する拒否を意味するものではありません。それは、耳を傾けてもらいたい、という懇願なのです。行動を求める懇願、結果を求める懇願です。(1)」

さらにはオランダでも国民投票で欧州憲法条約の批准が拒否され、ＥＵは深刻な危機に直面した。何らかのかたちでの新しい動きが必要であった。

同じ日、イギリスのトニー・ブレア首相はバカンスをとって、イタリアのトスカーナ地方のクゾーナに滞在していた。そこに、フランス内相のニコラ・サルコジが訪問してきた。二人が夕食を楽しんでいた二九日夜に、フランスでの国民投票による条約否決のニュースが入ってきた。ブレアの回顧録によれば、それを知ってブレアは「窮地を脱した」と直ちに考えた(2)。

イギリス国内では、EUへのさらなる主権の委譲を求めるかのように見える欧州憲法条約への批判が強まっており、野党の保守党は繰り返しその批准の可否を問う国民投票実施を要求していた。しかしイギリスでは批准反対が多数派を占める可能性が高く、国民投票で批准が拒否されればイラク戦争で傷ついていたブレア首相の政治的立場がさらに弱まるであろうことは明らかだった。

だが結局二〇〇四年四月にブレア首相は、欧州憲法条約の批准をめぐる国民投票の実施を約束してしまった。ところが、イギリスよりも先にフランスとオランダが国民投票で批准を拒否したことで、ブレア首相自らが困難に直面する可能性が遠ざかったのだ。これによってしばらくは休息を得られるであろう。EUの将来に暗雲をもたらしたフランスの国民投票での否決は、皮肉にもイギリスの労働党政権には明るい見通しをもたらしたのである。

この二〇〇五年は、ブレア政権のイギリスにとって大きな意味を持つ一年であった。まず、五月五日にブレア首相は、自らが党首として闘った総選挙で三期連続の勝利を収めた。これは歴史的な快挙であり、労働党にとっても明るいニュースであった。イラク戦争のせいでEUのなかでの自らの地位を大きく傷つけていたブレア首相は、この総選挙の勝利によって新しいイニシアティブをいくつか示そうとしていた。

この二〇〇五年にイギリスは、欧州理事会と先進国首脳会議（G8サミット）の双方において議長国を務めることになっていた。とりわけブレア首相にとって二度目の議長となる欧州理事会において、何らかの動きを示す必要があった。それまで八年の長きにわたって首相の座にあったブレアは、欧州理事会運営に関しても豊かな経験と知識を蓄積させていた。七月七日のロンドン同時多発テロで大きな危機に直面したが、むしろそのような危機に迅速に対応したことで少しずつ国民の支持を回復させていた。

それでは、イギリスはその後ヨーロッパでどのようなイニシアティブを試みたのか。それまでの欧州憲法条約をどのように変えていこうとしたのか。リスボン条約をめぐってイギリスはどのような対応をしたのか。この問題をめぐってイギリスは、欧州連邦化の動きを妨げるような、いわゆる「やっかいなパートナー」（スティーブン・ジョージ）であったのだろうか(3)。あるいは、危機に直面した欧州憲法条約を、より簡素で現実的なリスボン条約へと転換させる上で、価値あるリーダーシップを発揮したのだろうか。

後に詳しく見るように、リスボン条約をめぐるイギリス政府の行動は、複雑な国内政治状況、そして変転する国際情勢と深く結びついていた。この問題をめぐって国内では野党保守党の欧州懐疑派から厳しい批判を浴びており、他方でイラク戦争後のヨーロッパでは「新しいヨーロッパ」と「旧いヨーロッパ」との間の亀裂が生じており、その修復が必要とされていた。これらが複合的に結びつくことで、新しい流れが生まれていった。

本章では、以上の問題関心に基づいて、フランスとオランダでの国民投票否決後の二〇〇五年七月の欧州理事会から二〇〇七年一二月一三日のリスボン条約調印までの、イギリスの欧州政策の展開を概観することにしたい。(4)そして、欧州懐疑派とは一線を画するプラグマティックなブレア首相やゴードン・ブラウン首相が、国内政治状況に引きずられて、ヨーロッパにとって「やっかいなパートナー」となっていくと同時に、EUをイギリスにとって妥協可能な方向へと導こうと努力した経緯を検討したい。

欧州憲法条約からリスボン条約へ

(1) 欧州憲法条約とブレア政権

欧州憲法条約が二〇〇四年一〇月二九日に調印されて以降、イギリスではそれへの対応をめぐって国内政治が大きく揺れ動いていた。(5)それが「憲法(Constitution)」という用語を含んでいたことで、イギリス国内ではとりわけ保守党の欧州懐疑派や反欧州的なメディアから厳しい批判が噴出していた。(6)それについてブレア首相は、欧州憲法条約は「不幸に名づけられている」と考えていた。この「憲法」という概念を受け入れるかどうかをめぐり、イギリス国内政治は対立を深めていった。

とはいえこの欧州憲法条約草案は、イギリス労働党政権の要望を少なからず受け入れた結果でもあった。[7] 二〇〇二年二月二八日に元仏大統領のジスカール＝デスタンが議長となって、「欧州諮問会議」がブリュッセルではじまって以来、ブレア政権のイギリスは諮問会議においても政府間交渉（ＩＧＣ）においても、それがプラグマティックで国内でも受け入れ可能な内容となるように尽力していた。そのなかには欧州理事会の常任議長の新設や、「ＥＵ外相」ポストの新設、各国議会のより深い関与などの問題が含まれていた。[8] 条約作成作業にイギリスが加わっていたゆえに、イギリスにとって欧州憲法条約は必ずしも受け入れられないようなものではなかった。

その背景として重要なのは、ジスカール＝デスタン議長のもとで、イギリスの元外務事務次官であったジョン・カーがこの諮問会議の事務局長を務めていたことである。[9] ジスカール＝デスタン議長は諮問会議の最後の会合において、カーの貢献を回顧して、「私がこれまで出会ったなかで、最も優秀な人物の一人だ」と持ち上げた。[10] カーは経験豊富なイギリスの外務官僚であり、一九九二年のマーストリヒト条約調印に至るまでも、イギリス政府代表として中心的な役割を果たしていた。ジャーナリストのピーター・ノーマンが論じるように、この事務局は諮問会議において「発電所（Powerhouse）」のように重要な役割を果たしていたのだ。[11]

ブレア首相自ら欧州憲法条約の実現については繰り返し賛意を示していた。二〇〇三年には、自らは「適切な欧州憲法（a proper Constitution for Europe）」に賛成だと述べている。そして、「新しい欧州憲法が、ヨーロッパのかたちに新しい安定をもたらすことができるだろう」と述べている。(12) このことは、ブレア首相が「憲法」という用語にこの時点で抵抗を示していないことを意味する。そもそもブレアは、二〇〇〇年のワルシャワでの演説のなかでも、複雑化してしまった複数の条約をまとめて、一つの簡素な条約をつくることを提唱していた。(13) しかしながらそれは、ブレア首相によれば、「国家主権や国民のアイデンティティを吸収してしまうような超国家ではなくて、まさに諸国家の連合でなければならない」という。(14) すなわち、イギリスにとっては政府間主義的な統合であることが重要であった。例えば、ＥＵが単一の国際法人格を持つことや、条約に基本権憲章を組み入れることには強い抵抗があった。(15)

それは、かつて一九八〇年代にマーガレット・サッチャー首相が国家主権を擁護し政府間主義的な統合を求めたことと似ている。しかしサッチャーとは異なり、ブレアの場合はイデオロギーに基づいて欧州統合に反対したり批判したりすることはなかった。むしろ欧州統合はイギリスの現実的国益に利すると考えていた。(16) 回顧録においても、ブレアは次のように述べている。「私がイギリスをヨーロッパの中心に位置づけようとする動機は、きらきらと目を輝かせるような理想主義に基づいているからではない。もちろん私はヨーロッパの理想を共有してはいる。その理由とは、赤裸々な国益に基づくものなのだ。(17)」

実際にそのようなブレア首相の理念が反映されたかのように、国家主権の委譲を抑制したかたちの、効率性や民主性の向上を目指す合意が欧州憲法条約のなかには数多く見られる。[18]とはいえイギリス政府がこの時期に欧州憲法条約作成へ向けてリーダーシップを発揮するには、いくつかの障害が横たわっていた。というのも、ブレア首相もストロー外相も、二〇〇二年から二〇〇三年にかけての一年間は、イラク戦争をめぐる政治と外交に大半の時間を割いていたからである。ストロー自身も、「ほかにも同時にあまりにもたくさんのことが起きていたため、その詳細について十分な時間をつくることができなかった」と認めている。[19]条約作成の重要性を深く認識し、二〇〇三年四月以降はストロー外相も本格的に起草作業に関与しようと試みるが、フランスとベルギーとドイツはより野心的で連邦的な条約を作成しようとしていた。歴史家のアンソニー・セルドンが語るには、イラク戦争をめぐる「旧いヨーロッパ」は連邦主義的なヨーロッパを求める傾向が強く、「新しいヨーロッパ」はよりゆるやかな枠組みを望んでいた。[20]

二〇〇三年三月、そのような流れにストロー外相は警鐘を鳴らした。ストローはブレアに向かって、本来は「ポケットに入る大きさ」であるべきだったものが、いまや「電話帳」のサイズにふくれあっており、より連邦主義的な性質を強めている、と伝えた。実務家肌のストローは、賛成が過半数を占める可能性が薄いなかで、イギリス政府は国民投票の冒険へと乗り出すべきではないと考えていた。[21]しかし対照的にブレア首相は、二年後の総選挙を考えて、勝てる自信がないから国民投票を否定すると言い続けることは困難だと感じていた。

(2) 欧州懐疑派からの攻撃

同じ頃、イギリス国内では欧州憲法条約への激しい批判が強まっていた。二〇〇三年五月に欧州憲法条約草案一部が公表されてからというもの、保守党はこの条約がイギリスの主権を損なうものになると糾弾し、二〇〇四年になると条約批准をめぐる国民投票の実施とその否決を強く求めた。(22)二〇〇三年のイラク戦争の際には保守党も開戦を支持していたために、それを争点としてブレア首相の政治的決断を糾弾することは困難であった。そのために保守党は、政府批判の強力な武器として欧州憲法条約に焦点を当てたのだ。イギリス国民のナショナリズムに訴えて、相対的に親欧州的なブレア政権の政策を厳しく批判しはじめたのである。(23)イラク戦争をめぐって大きく国民の信頼を失っていたブレア政権にとって、そのような攻撃は政権の信頼をさらに弱める結果となる。メディアや世論から繰り返し批判を受けて、ブレア首相は積極的に親欧州的な政策をアピールしたり、欧州憲法条約の意義を説いたりすることが困難になっていった。守勢に立たされたのである。

それだけではなく、イギリスで最大の発行部数を誇る『サン』紙を所有する欧州懐疑派のメディア王ルパート・マードックは、もしもブレアが国民投票の実施を約束しないならば、次の総選挙で労働党ではなく保守党を支持すると述べていた。(24)マードックは頻繁に、ブレアを「裏切り者」と呼んでいた。[25]これは、ブレアにとって深刻な政治的ダメージであった。

結局ブレア首相は、二〇〇四年四月に下院議会における演説のなかで、欧州憲法条約批准をめぐる国民投票を約束した。[26]そのことが後にブレア政権を苦しめる運命となる。それは守勢に立たされた弱さから生じた乗り気のしない約束であった。『ガーディアン』紙は、「これはマードックの勝利である」と論評した。[27]またこれはそれまでの方針を大きく転換したという意味で、ブレアの「Uターン」と位置づけられた。欧州懐疑派が主流となっていた保守党の勝利であった。

イギリスの保守党は、一九九七年にウィリアム・ヘイグが党首となってから、イアン・ダンカン・スミス、マイケル・ハワード、デイヴィッド・キャメロンと続けて欧州懐疑派が党首の座を受け継いできた。一九九〇年代半ばまでは、ヘゼルタイン副首相やクラーク財務相などに代表される親欧州派の党内穏健左派系の議員が一定の影響力を維持していたが、彼らが議員を引退してからはサッチャー主義的な右派的イデオロギーの強い若手議員が多く当選し、次第に欧州懐疑派が主流となっていった。政治学者のフィリップ・リンチは、他のEU加盟国では欧州懐疑派の政党はあくまでも少数政党であるのに対し、イギリスではそのような極右的なイデオロギー政党がむしろ二大政党の一角を担う点で、きわめて異例だという。[28]

右派が支配する保守党においては、国家主権のさらなる委譲を要求する欧州憲法条約を国民投票にかけて批准の判断をするべきだという主張が大勢を占めていた。とりわけ彼らは、欧州憲法条約が

「国家」や「国旗」を想起させるようなシンボルを用いることに加え、さらに「憲法」と称していることに強い不満を示していた。フランスの法学者のジャン゠クロード・ピリは、「『法律』や『大臣』、『国旗』、『国歌』、そしてとりわけ『憲法』という用語の使用は、まさに絶大な政治的な影響をおよぼした」と分析する。というのも、「このような用語の使用は、精神的なショックをもたらし、実際の憲法条約の内実や法的性格よりも、政治的にはるかに重大なものとなってしまったのだ。」[29]

二〇〇四年一〇月二九日に欧州憲法条約が加盟国代表によって調印されると、同時にイギリス政府はそれを解説する政府白書を刊行した。その結論では、「力強く、自信を持った、影響力のあるヨーロッパのパワー」の実現へと向かうことに政府は賛成すると論じられている。それは「イギリスにとってもヨーロッパにとっても良い結論である」という。[30] 保守党の批判はゆるんでおらず、欧州懐疑的なメディアの攻撃も依然として続くなかで、その白書は楽観的な明るいトーンでヨーロッパの将来を描いていた。

二〇〇五年一月二五日、政府は下院で国民投票法案を可決した。これによって、「イギリスは欧州憲法条約を承認すべきか」という質問を国民に問うことが決められた。[31] イギリスは、二〇〇六年五月に国民投票を実施することを予定していた。いわば、他国が批准を終えたあとの最終段階でそれを行うことを意図していたのである。もしも他国がみな批准していたとすれば、条約成立の最終責任はイギリス国民の双肩にかかることになり、「可決」へ向けた勢いになるであろう。他方でもしも他の国がそれまでの間に批准を拒否していたとすれば、「窮地を脱する」ことができるだろう。きわめて危険な賭けではあるが、ブレア首相は自らそのような道を選択したのである。

二〇〇五年五月から六月にかけて、すでに述べた通りフランスとオランダで国民投票によって条約批准が否決されたことで、当面の間イギリス国内で国民投票を行う必要がなくなった。そのことは、ブレア首相を安堵させると同時に、新たな課題をもたらすことになった。七月一日からの欧州理事会議長国として、イギリスは他国と意見を調整して解決を模索せねばならないと同時に、保守党やメディアからの批判を抑えこめるような新しい方策を見いださねばならなかったのだ。この難題にブレア首相は立ち向かうことになる。

(3)「熟慮期間」を求めて

二〇〇五年六月一八日、ブリュッセル欧州理事会においてブレア首相は、次のように記者会見で語った。「今は、ヨーロッパが根本的な変化と改革を行わねばならない時期であり、その機構、政策、そして基本的な政治を、ヨーロッパの人々の優先事項や懸念事項と再び結びつける時期である。国民投票でのノーをわれわれは無視してはならない。[32]」意図は明らかであった。欧州憲法条約を見直して、より穏健な条約へと修正することを求めていたのである。

続いて六月二〇日には、イギリス下院においてブレア首相はこの問題についての見解を次のように表明した。「結果として、理事会でいかなる声明が表明されようとも、フランスやオランダでの国民投票の結果を考慮すれば、条約を前進させることはできない。それゆえに、その代わりに、熟慮期間（a period of reflection）を設けて、ヨーロッパの将来の方向性に関する重要な問題について討議する必要があるのだ。[33]」これはイギリス政府にとって、国民投票実施を求める圧力をかわすと同時に、イギリス国民により受け入れられやすい条約へと修正する貴重な機会が到来したことを意味していた。そのような機会を、ブレア首相はその三日後の六月二三日の欧州議会での演説で活用することになる。

ブレア首相は、国内におけるＥＵに関する演説においては常にイギリスの国益を強調し、政府間主義的な姿勢を説いているが、[34]他方ヨーロッパ大陸においてＥＵについて語る際には、自らが親欧州的であることを再三強調していた。この演説においてもそのようなブレアの親欧州的な政治姿勢が見られた。ブレアはその演説で、「私は情熱的な親欧州派だ」と語る。そして自らも社会憲章に署名したし、アムステルダム条約やニース条約ではイギリスが建設的な役割を担ったことに言及した。さらには、「私は政治的なプロジェクトとしてのヨーロッパを確信している」と述べた。[35]これは明らかに、保守党の欧州懐疑派とは一線を画する発言である。というのも彼らはヨーロッパを、単なる「共通市場（common market）」としか見ていないからである。

他方で、ブレアは次のようにも述べていた。「問題は、欧州連合の理念ではない。これは、近代化の問題である。そして政策の問題である。」すなわち、ブレア首相は、欧州憲法条約に挿入されているような理念やシンボルについての議論を凍結し、あくまでも実務的に必要な作業を優先することを求めていた。これは、欧州憲法条約から憲法的な特徴を削ぎ落とし、よりシンプルなものとしたリスボン条約に繋がる思考といえるだろう。ブレアの考えでは、欧州憲法条約は現実に則していない過大な表現を多用することで、不要な不満や批判を多く招いていた。だとすれば、そのような過剰に象徴的な用語を多用することを控えて、実際的に必要性の高い問題に応えることを優先すべきであろう。それは同時に、ブレアにとっては、イギリス国内での批判を回避するための戦略でもあった。

切迫した問題が山積するなかで、ブレアは欧州憲法条約の批准プロセスの「熟慮期間」を提案し、それが合意されたことでしばらくの間この問題は凍結された(36)。欧州憲法条約の見直しについて本格的な交渉が再開するのは、したがって、ドイツが議長国となる二〇〇七年前半期まで待たなければならなくなった(37)。

リスボン条約とイギリス

(1) ブレア、サルコジ、メルケル

イギリス政府は欧州憲法条約について、それを修正した上で再提出して批准作業に移るのではなくて、大幅に簡素化し野心的な表現や内容を抑制した「改革条約(Reform Treaty)」を新たに起草する

ことを、求めた。[38] 二〇〇七年五月にブレアが首相辞任を表明したあと六月二七日にブレア政権を継いで誕生したブラウン労働党政権もまた、そのような方針を受け継いだ。EUにとって最も望ましい将来を構想するよりも、国内政治的な考慮、すなわちイギリスの世論やメディアが受け入れ可能で、保守党の攻撃を和らげるような内容の条約を作成することの方が重要であった。その意味で、二〇〇七年三月から六月までの「改革条約」合意へ向けた三カ月間の外交交渉は、イギリスにとって大きな意味を持つものであった。

二〇〇七年三月二五日、ローマ条約調印を祝う共同宣言において、欧州憲法条約の将来について、二〇〇九年六月までに新しい基本枠組みを発効させることを目指すとの意向を、EU加盟国は明らかにした。[39] 二〇〇七年一月にはルーマニアとブルガリアの加盟を実現させ、いよいよEUは二七カ国体制となった。EUは新たなダイナミズムを必要としていたのだ。そのようななかで、フランスでは二〇〇七年五月に、ニコラ・サルコジ大統領が新たに誕生した。彼は内相時代から「簡易版」の「ミニ条約」をつくることを求めており、それまでの欧州憲法条約を放棄するという点でブレアと見解を同じくしていた。[40] 現行の条約に反対するポーランドやチェコもそのような立場を共有していた。

四月一九日にブレア首相は、この新しい「改革条約」をめぐってイギリス国内で国民投票を行う意思がないことを、次のように明らかにした。「もしもそれが、加盟国とヨーロッパとの関係を変えてしまうような憲法条約でないとすれば、すなわちそれは国民投票をする必要がないことを意味する。[41]」

言い換えればブレアは、否決される見通しの高い国民投票を避けるためにも、どうにかして新しい「改革条約」から「憲法」という用語を排除して、「加盟国とヨーロッパとの関係」を変えないような条約を求めていたといえる。また国内の批判をかわすためにも、イギリスに対する基本権憲章の適用除外を求め、対外政策や司法内務協力における拒否権を要求していた。[42]国民の支持を失いつつあるなか、この時期のブレア政権の「改革条約」へ向けた取り組みは、保守党の批判を抑制するためにも、またメディアからの攻撃をかわすためにも、新しい条約において「憲法」や「外相」、「国旗」といった刺激的な用語を用いないことを前提としていた。それは将来のヨーロッパを展望した積極的な関与というよりも、自国の国内政治の力学が反映された結果といえるものであった。

とはいえブレアは首相在任の最後の時期において、欧州統合に多くの情熱を注ぐことになる。ある側近によれば、「彼は在任の最後の六カ月間、他のいかなる課題よりもＥＵへ向けて、より多くの情熱を注いでいた」という。[43]その上で大きな支えとなったのが、二〇〇七年五月のフランス大統領選挙で保守派のサルコジが勝利を収めたことである。ブレア首相は、サルコジに好印象を持っていた。[44]ブレアが述べるには、「ニコラと私はいくつかの共通点があった。それはエネルギーであり、決意であり、旧来的な右派や左派といったカテゴリーへの違和感であり、ドクトリンや頑迷さへの深い嫌悪感である。[45]」サルコジは従来から「改革条約」としての「ミニ条約」を志向しており、また国民投票によって批准を否決されたことからも、より「野心的ではない」条約を望んでいた。

サルコジは大統領選挙での勝利の後、パリを訪れたブレアに次のように語った。「私とあなたは同じものを望んでいますね、トニー。われわれは短期での交渉、修正された条約を求めており、憲法は求めていません。私は完全にあなたの手中にあります。あなたが何を望もうとも、私はそれを支持します。」サルコジは大統領就任前からブレアに強い敬意を抱いており、かつてのように独仏枢軸の狭間で孤立する懸念が小さくなっていた。サルコジはブレアに対して「私はあなたの友人です」と述べ、また「私はシラクではありません、ですので私はすべてを変えたいのです」と伝えた(46)。それはまた、条約交渉におけるイギリスの影響力が拡大することを意味した。

イギリス政府は、新しい条約をめぐって交渉を進める上で、イギリスにとっての譲ることのできない「レッド・ライン」を検討していた。ブレア首相の念頭にあったのは、「基本権憲章」、「コモン・ロー」、「社会保障」、「対外政策」の四つを超国家的な枠組みに組み入れるのを避けることであり、最低でもイギリスがそれに対する適用除外を確保することであった(47)。他方で議長国であったドイツのアンゲラ・メルケル首相は、欧州憲法条約と同様に憲法的な性格を条約に組み入れようと考えはじめていた。六月三日、ブレア首相は飛行機でドイツへ向かい、深夜一一時までメルケルと議論した。ブレアは、イギリス政府としては決して譲歩できない「レッド・ライン」を示したが、メルケルは再び憲法条約のような連邦的な性格の条約へと回帰することを拒否した(48)。

（2）欧州憲法条約から「改革条約」へ

二〇〇七年六月二一日、ブレア首相は自らにとって四二回目にして最後となる欧州理事会に参加した。その場を利用してブレアは、議長国ドイツのメルケル首相と二人で会談をして、イギリスの適用除外の問題を協議した。ブレアの強引な主張に不満を述べたメルケルに対して、次のようにブレアは返答した。「この文章は法務長官によって作成されたものであり、閣議と私の後継者によって了承されたものです。私はこれがあなたの政府高官たちにとって不満の残る内容であることは知っていますが、しかし私はそれを一語も変更することはできないのです。」[49]このブレアの強引な要求にメルケルも折れて、結局イギリスの適用除外を認める方向で動きはじめる。

この欧州理事会では、きわめて困難な交渉が続いていた。ブレア首相とサルコジ大統領は協力して、ポーランドのレフ・カチンスキー大統領に対して合意に応じるように説得した。そもそもさらなる欧州統合に反対姿勢のカチンスキー大統領は、憲法条約の改正を「非現実的だ」と論じ、その交渉に消極的であった。[50]イギリスの適用除外についても激しい議論が展開した。二二日の明け方午前五時にようやくメルケルが会合を再開し、合意に到達した。ここで新しい改定条約へと前進するための礎石がつくられた。憲法条約に回帰することなく、アムステルダム条約やニース条約同様の条約改正作業へと進み、重要な項目でイギリスの拒否権を勝ち取った。このような合意を手にしたことで、堂々と国民投票が不要であることを説くことができるだろうとブレア首相は考えた。[51]イギリスは重要な権限を

ＥＵに委譲することを回避できたと考えていた。ブレアが「九〇％喜んでいる」と述べた新しい改革条約は、一九九二年のマーストリヒト条約やアムステルダム条約、あるいはニース条約と比べても、特筆すべき内容に乏しいものといえる。(52)

歴史家アンソニー・セルドンは、「ブレアの最後の六カ月は、ヨーロッパに関するならば最も大きな成功であった」というが、それは国内の批判を回避する上での成功であって、欧州統合のリーダーシップを発揮するという意味においてではなかった。セルドンは、ブレアは「一九九七年の『やっかいなパートナー』から、一〇年後にはフランスやドイツと同等に影響力ある地位へと転換した」とも述べているが、それは過大な評価であろう。(53)しかしながら、ブレアの欧州問題担当の顧問であったスティーブン・ウォールが回顧するように、「フランスとドイツとの三国協調の試み」は、ブレアにとってイギリスが建設的にヨーロッパに関与して、指導力を発揮するための重要な枠組みであった。(54)この欧州理事会において一定程度それが達成されたということはできるだろう。

（3）リスボン条約への道

二〇〇七年七月には、イギリス政府は『改革条約—欧州連合政府間会議へのイギリスのアプローチ』と題する政府白書を公刊した。(55)議長国ドイツの六月一四日の報告書は「ＩＧＣの迅速な招集」を提案しており、イギリス政府としてどのような点を考慮に入れてＩＧＣの交渉を進めるかを明確にする必要があった。[56] ポルトガルを新たな議長国として、七月二三日からＩＧＣがはじまる予定となっており、この白書ではイギリス政府の方針が明示されていた。新たに首相に就任したゴードン・ブラウンは、この白書の序文で次のように記している。「六月の欧州理事会を前にして、われわれは自分たちのレッド・ラインを明らかにして、われわれの主権に関して本質的に重要なイシューについて、イギリスが権限を委譲することがないように確認をした。[57]」この「レッド・ライン」を死守することが、ブラウン首相の大きな使命であった。

ブラウン首相は、国民投票を回避するためにも、この新しい改革条約ではイギリスの新たな権限委譲がないということをここで国民に確約しているのである。またこの白書の本文中では、議会によって新しい条約が批准される予定であると明記している。ここには「二〇〇七年六月の欧州理事会に至るまで、ＥＵは憲法的な性質を与えることなく新しい修正した条約を必要としていると、イギリスは合意をした」とある。さらには新しい条約では、イギリスが四つの点で拒否権を確保したことを示している。いわゆる「レッド・ライン」である。それは、「現存のイギリス労働法および社会的な立法の保護」、「イギリスのコモン・ロー制度や警察および司法過程の保護」、「イギリスの独立した対外政策および防衛政策の維持」、そして「イギリスの租税制度および社会保障制度の保護」である。[58] イギリス政府は、新しい改革条約があくまでも国民投票ではなく、議会によって批准できることを慎重かつていねいに国民に説明している。

最終的に、イギリス政府は本来の目的を達成し、「レッド・ライン」としての適用除外を確保することに成功した。二〇〇七年一二月一三日、リスボンのジェロニモス修道院において改革条約が調印された。これがリスボン条約と呼ばれるようになる。これは、半年前の欧州理事会で困難な交渉の結果合意された通り、欧州憲法条約を放棄して、代わりに新しい改革条約としてそれまでの基本条約を改正するものであった。(59)「憲法」という言葉は用いられず、また連邦化を想起するような象徴的用語も意図的に避けられていた。それはこれまで見てきた通り、欧州懐疑的な保守党からの批判にさらされていたイギリス政府の強い意図の反映であった。労働党政権のイギリスは、国内における欧州懐疑派の批判を懸念して、新しい条約において新たな権限委譲が見られないように、巧妙に議論を誘導した。それは決して、建設的な意図からEUを望ましい方向へと導くリーダーシップではなかった。

このリスボン条約の調印記念式典には、首相に新たに就任して半年ほどが経過したゴードン・ブラウン首相が出席したが、到着したときにはすでに他の首脳たちは会場を去っていた。式典には代理としてデイヴィッド・ミリバンド外相が出席しており、ブラウン首相は遅れて一人で到着した。すでにテレビカメラも撤去されており、他のEU加盟国の指導者と並んでブラウンがテレビ画面に映ることはなかった。下院の委員会に出席していたブラウン首相は、「私がこの委員会への出席を優先しているることが理解できるだろう」と語ったが、実際には国内の欧州懐疑派からの批判を意識して、単独で目立たぬかたちで調印することを望んだのであろう。それは確かに、「イギリスの気乗りのしないヨーロッパへの関与の象徴」といえるものであり、[60]異様な行動であることは間違いない。このようなブラウン首相の行動に、当然ながら保守党から厳しい批判がわき上がっていた。他方で、欧州議会の保守党やイギリス独立党（ＵＫＩＰ）の欧州議会議員は、リスボン条約を支持する指導者たちに「フーリガンのように」、罵声を浴びせていた。[61]欧州憲法条約、そしてリスボン条約をめぐるイギリス政府のぎこちなさは、外交問題ではなく国内政治問題の結果というべきものであった。

二七カ国の加盟国のなかで、このリスボン条約の批准を国民投票で行うことを宣言していたのは、アイルランドだけであった。それ以外の二六カ国は、イギリスも含めて、議会での承認手続きへ進む予定であった。ブラウン首相は繰り返し、リスボン条約が「憲法条約」ではなく、さらなるＥＵへの権限の委議を伴うわけではないから、国民投票を行う必要はないと主張していた。むしろだからこそイギリス政府は、さらなるＥＵへの権限の委議を避けようとしたのである。そして実際にイギリス政府は議会でリスボン条約を批准し、条約発効へ向けて時計の針を進めることになった。

「やっかいなパートナー」としてのイギリス

二〇〇九年一二月一日に、このような経緯で作成されたリスボン条約は、すべての加盟国の批准によって発効した。この条約をどのように評価するか判断は分かれるが、少なくとも当初ドイツやベルギーなどが想定していたような連邦主義的な性質よりも、従来の枠組みを残した性質が強いといえるだろう。それは、連邦主義的な条約が新たな権限をEUに付与することで、国民投票を実施せざるを得ないことを懸念したイギリス政府の意向が色濃く反映したものであった。

その出発点は、二〇〇四年四月のブレア首相による国民投票実施の約束であって、ブレア首相にそのような約束を強く要求し続けていた欧州懐疑派の保守党やメディアの圧力であった。リスボン条約が、複雑な条文となりまた連邦主義的な表現が欠けているのは、二〇〇七年の条約交渉でそれをイギリス政府が強く求めたからであった。そのように考えると、イギリスは一定程度のリーダーシップを発揮すると同時に、EUの「やっかいなパートナー」でもあったのだ。あまりにも一国の国内的な意向に強く引きずられてEUの新しい条約を作成することは、望ましいことではないであろう。

しかしながら同時に、ブレア首相あるいはブラウン首相が、プラグマティックな思考を持っており、さらなる欧州統合に原理主義的に反対していたわけではなかったことも明らかである。欧州懐疑派が主流となる保守党とは異なり、労働党は健全な発想で国益に基づいた建設的な関与と貢献を求めていた。ブレアが首相に在任していた一〇年間の間に、アムステルダム条約、ニース条約、欧州憲法条約、そしてリスボン条約と四つの新しい条約を作成するための交渉が進展したのは、労働党の穏健で協調的な政策と無関係ではないであろう。むしろイラク戦争をめぐって英米関係にしこりが残り、EU内での信頼が損なわれたなかで、ブレア首相はEU諸国との関係を強化しようと動いていた。EUにおけるリスボン条約成立へ至る過程は、このように国内政治や国際政治が重層的に絡み合うなかで進展したのであった。

(1)「ジャック・シラク共和国大統領によるフランス国民に対する声明、パリ、二〇〇五年五月三一日」遠藤乾編『原典 ヨーロッパ統合史―史料と解説』(名古屋大学出版会、二〇〇八年)七〇三―七〇四頁。欧州憲法条約のフランスでの批准拒否については、邦語でもいくつかの研究があるが、代表的なものとして、鈴木一人「二一世紀のヨーロッパ統合」遠藤乾編『ヨーロッパ統合史』(名古屋大学出版会、二〇〇八年)、鷲江義勝「リスボン条約の全体像」鷲江義勝編『リスボン条約による欧州統合の新展開―EUの新基本条約』(ミネルヴァ書房、二〇〇九年)四頁、片岡貞治「欧州憲法条約とフランス」福田耕治編『欧州憲法条約とEU統合の行方』(早稲田大学出版部、二〇〇六年)八九頁、田中俊郎「欧州憲法条約不成立の背景と展望―『ユーロバロメーター』に見る市民の声」『海外事情』第五四巻第二号(二〇〇六年)、二―一六頁、渡邊啓貴「仏国民はなぜ欧州憲法を拒否したのか」『海外事情』(同号)、一七―一四頁、渡邊啓貴「欧州憲法条約の批准を否決したフランスの国民投票―マーストリヒト条約批准のための国民投票との比較考察」『日本EU学会年報』第二六号(二〇〇六年)一三〇―一五七頁、遠藤乾「フランス・オランダ国民投票による欧州憲法条約否決」『生活経済政策』一〇四号(二〇〇五年)二―八頁などを参考にした。また欧州憲法条約についての政治学的な視座からの研究は数多く見られるが、主として Clive H. Church and David Phinnemore, *Understanding European Constitution: An Introduction to the EU Constitutional Treaty* (London: Routledge, 2006) や Thomas Christiansen and Christine Reh, *Constitutionalizing the European Union*

(Basingstoke: Palgrave, 2009)を参照した。

(2) Tony Blair, *A Journey: My Political Life* (New York: Alfred A. Knopf, 2010) p.526.

(3) いわゆる「やっかいなパートナー(an awkward partner)」については本書第1章および、Stephen George, *An Awkward Partner: Britain in the European Community*, 2nd edition (Oxford: Oxford University Press, 1994)を参照。

(4) この時期のイギリスとEUとの関係を概観した邦語文献として、鈴木一人「ブレアとヨーロッパ 一九九七—二〇〇七年—『お節介なネオコン性』」細谷雄一編『イギリスとヨーロッパ—孤立と統合の二百年』(勁草書房、二〇〇九年)二九九—三二六頁を参照。

(5) Scott James and Kai Oppermann, "Blair and the European Union", in Terrence Casey (ed.), *The Blair Legacy: Politics, Policy, Governance, and Foreign Affairs* (Basingstoke: Palgrave, 2009) p.290.

(6) Blair, *A Journey*, p.525.

(7) David Gowland, Arthur Turner and Alex Wright, *Britain and European Integration since 1945* (London: Routledge, 2010) p.176.

(8) Ibid.; James and Oppermann, "Blair and the European Union", p.291.

(9) Peter Riddell, "Europe", in Anthony Seldon and Dennis Kavanagh (eds.), *The Blair Effect 2001-5* (Cambridge: Cambridge University Press, 2005) p.374.

(10) Peter Norman, *The Accidental Constitution: The Story of the European Convention* (Brussels: EuroComment, 2003) p.38.

(11) Ibid.

(12) Stephen Wall, *A Stranger in Europe: Britain and the EU from Thatcher to Blair* (Oxford: Oxford University Press, 2008) pp.182-183. スティーブン・ウォールはイギリスの外交官であり、ブレア首相の外交顧問でもあった。単一欧州議定書から欧州憲法条約まですべての条約起草作業において政府に助言を行ってきた。

(13) Riddell, "Europe", p.374.

(14) Wall, *A Stranger in Europe*, pp.182-183.

(15) 基本権憲章をめぐるイギリス政府の立場については、山本直「EU基本権憲章の起草とイギリス」福田耕治編『EUとグローバル・ガバナンス』(早稲田大学出版部、二〇〇九年)六五―九二頁。

(16) ブレアの欧州統合理念については、細谷雄一『倫理的な戦争―トニー・ブレアの栄光と挫折』(慶應義塾大学出版会、二〇〇九年)七三―七七頁を参照。

(17) Blair, *A Journey*, p.497.

(18) 欧州憲法条約のそのような側面への着目については、庄司克宏「欧州憲法条約草案の概要と評価―簡素化・分権化・民主化・効率化」『海外事情』第五一巻第一〇号(二〇〇三年)、一四―三七頁および、同「欧州憲法条約とEU」『世界』第七三六号(二〇〇五年)を参照。また欧州憲法条約の翻訳と解説については、中村民雄『欧州憲法条約―解説及び翻訳』(衆議院憲法調査会事務局、二〇〇四年)を参照。

(19) Anthony Seldon with Peter Snowdon and Daniel Collings, *Blair Unbound* (London: Simon & Schuster, 2007) p.263.

(20) Ibid., p.264.

(21) Ibid.

(22) James and Oppermann, "Blair and the European Union", p.291.

(23) この時期の保守党による欧州憲法条約批判については、Philip Lynch, "The Conservatives and the European Union", Simon Lee and Matt Beech (eds.), *The Conservatives under David Cameron: Built to Last?* (Basingstoke: Palgrave, 2009) pp.189-190.

(24) Gowland, Turner and Wright, *Britain and European Integration since 1945*, pp.176-177.

(25) Seldon, *Blair Unbound*, p.266.

(26) Ibid., p.268; Wall, *A Stranger in Europe*, p.183.

(27) Martin Kettle, "It's a Victory for Murdoch", *The Guardian*, 20 April, 2004.

(28) Lynch, "The Conservatives and the European Union", p.188.

(29) Jean-Claude Piris, *The Lisbon Treaty: A Legal and Political Analysis* (Cambridge: Cambridge University Press, 2010) p.23.

(30) Foreign & Commonwealth Office, *White Paper*

on the Treaty Establishing a Constitution for Europe, Cm6309 (London: Her Majesty's Stationery Office, 2004) p.37. 欧州憲法条約については、*Treaty Establishing a Constitution for Europe*, Cm6429, Rome, 29 October 2004 (London: Her Majesty's Stationery Office, 2004) 参照。

(31) Seldon, *Blair Unbound*, p.351.

(32) Tony Blair's press conference following Brussels EU Summit, 18 June 2005.

(33) Tony Blair's Commons statement on the European Council Meeting, 20 June 2005.

(34) Gowland, Turner and Wright, *Britain and European Integration since 1945*, p.182.

(35) Tony Blair's address to the EU Parliament, 23 June 2005.

(36) Richard Whitman, "The UK Presidency: In the Hot Seat", *Journal of Common Market Studies*, vol.44, Annual Review, 2006, pp.57–58.

(37) この間の経緯については、田中俊郎「欧州憲法条約の現状と今後の展望」『海外事情』第五五巻第六号（二〇〇七年）、二一―二三頁。

(38) James and Oppermann, "Blair and the European Union", p.292.

(39) Declaration on the occasion of the fiftieth anniversary of the signature of the Treaties of Rome, Berlin, 25 March 2007; 田中「欧州憲法条約の現状と今後の展望」二一―二三頁参照。

(40) 田中「欧州憲法条約の現状と今後の展望」六頁。

(41) Gowland, Turner and Wright, *Britain and European Integration since 1945*, p.182.

(42) Ibid.

(43) Seldon, *Blair Unbound*, p.567.

(44) Ibid., p.568.

(45) Blair, *A Jounery*, p.525.

(46) Seldon, *Blair Unbound*, p.568.

(47) Ibid., p.570.

(48) Ibid.

(49) Ibid., pp.570–571.

(50) Desmond Dinan, "Governance and Institutional Developments: Ending the Constitutional Impasse",

Journal of Common Market Studies, vol.46, Annual Review, p.76.

(51) Dinan, "Governance and Institutional Developments", p.77.

(52) Seldon, *Blair Unbound*, p.571.

(53) Ibid.

(54) Wall, *A Stranger in Europe*, p.176.

(55) Foreign & Commonwealth Office (FCO), *The Reform Treaty: The British Approach to the European Union Intergovernmental Conference, July 2007*, Cm7174 (London: Her Majesty's Stationery Office, 2007).

(56) House of Commons, Select Committee on European Scrutiny, *Thirty-Fifth Report*, "European Union Intergovernmental Conference", www.parliament.uk.

(57) Gordon Brown, "Foreword", in FCO, *The Reform Treaty*, p.1.

(58) Ibid., p.7.

(59) リスボン条約の内容については、庄司克宏「リスボン条約（ＥＵ）の概要と評価―『いっそう緊密化する連合』への回帰と課題」『慶應法学』第一〇号（二〇〇八年）一九五―二七二頁が詳しい。条文については、*Treaty of Lisbon Amending the Treaty Establishing the European Union and the Treaty Establishing the European Community*, Cm7901, Lisbon, 13 December 2007 (London: Her Majesty's Stationery Office, 2010) 参照。

(60) Matthew Weaver and Louise Radnofsky, "Brown Flies to Lisbon for Belated Eu Treaty Signing", *The Guardian*, 13 December 2007.

(61) Ibid.

第4章　キャメロン政権とヨーロッパ統合
——イギリスのEU離脱をめぐって

キャメロンのギャンブル

二〇一三年一月二三日、デイヴィッド・キャメロン首相は、ロンドンのブルームズバーグ本社の建物の中に据えられたテレビカメラに目を向けて国民に語りかけた。この演説は、イギリスのEU（欧州連合）加盟を根本から覆すような、きわめて大きな影響をおよぼすものとなる。キャメロン首相はここで、二〇一五年の総選挙で保守党が勝利した場合には、二〇一七年までにイギリスのEU加盟の継続を問う国民投票を行う意向があるとし、次のように述べた。

「保守党政権はイギリス国民に対して、このまま加盟を存続するか、あるいは離脱するかを問う国民投票の機会を提供することになる。……これは、単純な、加盟するのかしないのかを問う国民投票となる。(1)」

キャメロン首相のこの演説は、この後詳しく述べるが、保守党内の欧州統合に批判的なグループからの強い圧力に屈するかたちで行われたものであった。イギリスの保守党内では、一九九〇年代以降、EUに対するきわめて敵対的な姿勢が色濃く見られるようになっていた。(2)それは、前述のように欧州懐疑派(Eurosceptics)と呼ばれ、現代イギリス政治において政党の枠組みを超えた巨大な勢力となっている。(3)

キャメロン自身は、EUからの離脱を求めていないと明言し、EU加盟継続へ向けて真摯な取り組みを行う意向を示した。とはいえユーロ危機後のイギリス国内世論に目を向ければ、EU加盟への支持が着実に退潮に向かい、逆にEUをあからさまに敵視する勢力が急速に広がっていた。保守党内の欧州懐疑派は、イギリスのEU残留によりいっそうの疑念を募らせていた。キャメロン首相は演説で、続けて次のように述べている。

「もしもわれわれがEUを去るとしても、それはもちろん、ヨーロッパから去るということにはならない。それ(ヨーロッパ)はこれからもずっと、われわれにとっての最大の市場であり、われわれにとっての地理的な隣人である。われわれは、複雑な法的な関与によって結びついているのだ。(4)」

このようにキャメロン首相は、EUからの離脱の可能性をも明確に意識していた。キャメロン保守党政権下で、イギリス政府は徐々にEUに対して敵対的な姿勢を示すようになり、また離脱の可能性をほのめかしていることに対して、大陸諸国も不快感や懸念を示すようになっていった。

その背景にあったのが、一九九〇年代以降のイギリス政治における欧州懐疑派の影響力の拡大である。それはメディアや政党内部など、さまざまな側面で見られた。そのような欧州懐疑派の伸張はイギリス国内のみではなく、様態は異なるがEU加盟各国で幅広く見ることができる。このようなイギリス政治における欧州懐疑派の拡大という背景をふまえた上で、キャメロン政権がなぜEU加盟存続を問う国民投票を行う意向を表明したのかを理解する必要がある。

キャメロン政権のヨーロッパ政策

(1) キャメロンと保守党

二〇〇五年一二月のイギリス保守党の党首選に立候補した、当時まだ三九歳であった若きデイヴィッド・キャメロンは、「若手による改革」を唱えていた。イギリス保守党で多数派を抑えるためには、欧州懐疑派勢力の支持を得なければならない。キャメロン自身は、それ以前の党首のマイケル・ハワードやイアン・ダンカン・スミス、ウィリアム・ヘイグと比較した場合に、より穏健な中道派に位置していると見られていた。ところが、前年の欧州議会選挙でのイギリス独立党(UKIP)の鮮烈な台頭に強い影響を受けた保守党では、よりいっそうEUへの批判的な姿勢が求められていた。

キャメロンが保守党党首選で掲げていた公約の一つが、欧州議会における保守党のグループである欧州人民党＝欧州民主党連合（ＥＰＰ－ＥＤ）グループからの離脱であった。(5) このグループのパートナーであるドイツのキリスト教民主連合（ＣＤＵ／ＣＳＵ）などの大陸諸国の政党が、よりいっそうの統合を求めていることと一線を画する必要があったのである。保守党の欧州懐疑派からすれば、欧州人民党は連邦主義的なグループであった。

また、キャメロンにとってこの公約は、党内の欧州懐疑派のグループからの支持を得るための、苦肉の策でもあった。この頃から保守党内では、イギリスのＥＵとの関係を再検討する必要が指摘されていた。保守党の党首選でのキャメロンのライバルであるデイヴィッド・デーヴィスは、確信的な欧州懐疑派であった。(6) またこの時期は、二〇〇四年一〇月二九日に調印された欧州憲法条約をめぐりイギリス国内でも論争が展開されており、イギリスの権限がよりいっそうＥＵへと移譲することへの根強い批判が噴出していた。(7)

欧州憲法条約自体は、フランスとオランダにおける国民投票での否決を経て、第3章で見たようにリスボン条約というかたちで生まれ変わって二〇〇七年一二月一三日に調印された。しかし保守党はこのリスボン条約にも批判の手をゆるめず、イギリスの批准の是否を国民投票にかけるべきだと主張して、ブラウン労働党政権を揺さぶった。そして、保守党は超党派からなる「私は国民投票を求める（I Want a Referendum）」キャンペーンを展開した。(8) それは、これ以上のＥＵへの権限移譲を許さないという姿勢と、ＥＵの問題をめぐって民主主義を反映させるべきだという、二つの主張に基づいた運動だった。結局、ブラウン首相はリスボン条約の批准をめぐり国民投票に委ねることを回避したが、それによってよりいっそう保守党内の欧州懐疑派の不満は高まっていった。リスボン条約は、イギリス保守党＝自民党連立政権が成立する半年前の二〇〇九年一二月一日に発効していたため、結局キャメロン政権はリスボン条約をそのまま受け入れることになった。

しかしこの二〇〇九年六月の欧州議会選挙を契機に、保守党党首のキャメロンは、欧州議会の欧州人民党グループから保守党を離脱させる決定を行った。イギリス保守党は、チェコの市民民主党やポーランドの「法と正義」などとともに、欧州保守改革グループ（ＥＣＲ）を結成した。イギリスは、ＥＵの政治のメインストリームからよりいっそう離れていくことになる。

（2） 保守党の二〇一〇年総選挙マニフェスト

二〇一〇月五月六日に行われたイギリスの総選挙では、保守党は、「イギリス政府への参画への招待」と題するマニフェストを掲げて闘った。このマニフェストからは、欧州懐疑派の影響を色濃く見ることができる。「イギリス国民の同意なくしては、これ以上イギリスの権限をＥＵに移譲することはない」と書かれており、ＥＵへの権限の移譲やユーロ参加については国民投票によってイギリス国民の判断に従うと記されている。(9) さらには、イギリス国民の同意なく批准したリスボン条約は、「この国の民主的な伝統への裏切り」とまで扇動的に書かれていた。

さらに、ＥＵとイギリスの関係について、このマニフェストでは、一九七二年に成立した欧州共同体法令（European Communities Act 以下「ＥＣ法令」）という国内法を改正して、将来において条約によって権限をＥＵに移譲する場合には国民投票を必要とするという「レファレンダム・ロック」を法制化することを公約している[10]。そして、「われわれのあらゆる生活のなかへと、幅広い、説明責任を負わないＥＵの浸食は、あまりにも過剰なものとなってしまった」と記されていた。

このように保守党のマニフェストは、ＥＵに対する批判的な色彩で彩られていた。とりわけ、ブラウン労働党政権がリスボン条約を国民投票にかけずに批准したことに対し、過剰なほど痛烈な批判を加えている。国民投票によってこれ以上のＥＵへの権限移譲を防ぐという姿勢が見られたため、ＥＵとの関係は今後よりいっそうイギリス政治における難しい争点となるであろうことが予測された。

選挙の結果、保守党は三六％の得票率を得て三〇七議席を確保し、第一党となった。しかしながら過半数の議席には届かず、第三党として五七議席を得た自民党との連立交渉を行うことになった。ちなみにイギリス独立党は三・一％の票を得たが、小選挙区制の壁にはばまれて議席を確保することはできなかった。とはいえ、前回選挙からさらに得票率を伸ばしており、確実に勢力は伸張していた。

（3） 保守党＝自民党の連立交渉

第三党となった自民党は、ＥＵをめぐる政策などでは政策に大きな隔たりのある保守党との連携を選択することになった。これは、選挙で第一党となったのが保守党だったので、国民の意思を優先した結果でもあった。自民党党首ニック・クレッグは、もともとブリュッセルの欧州委員会でＥＵ官僚として勤務していた経歴を持ち、また一九九九年から二〇〇四年までは欧州議会議員であって、親欧州的な政治姿勢を色濃く持っていた。また、自民党は、保守党や労働党と比べて一貫して、親欧州的な姿勢を示してきた。それゆえ、クレッグにとっては欧州懐疑派が支配する保守党と手を組むことは容易な決断ではなかった。ともあれ、保守党党首のキャメロンと自民党党首のクレッグとの間で連立交渉が行われることになった。

選挙戦を戦う上で、ＥＵとの関係を再検討することを重要な公約に掲げただけあって、保守党には、この問題をめぐって親欧州的な自民党に妥協することはできなかった(11)。結局、連立合意文書において、「国民投票なしには、これ以上の権限をブリュッセルに移譲することはしない」との確約を盛り込むことに成功する(12)。そして、「次の議会会期では、主権や権限のさらなる移譲をすることはないと確約する」との点で合意した。また、保守党のマニフェストにも書かれていた「レファレンダム・ロック」についても合意文書に明記して、一九七二年のＥＣ法令を改定する意向が記された。親欧州的な自民党にとっては苦渋の決断であったが、これは世論の大勢に従う判断でもあった。イギリスの世論はこの頃、ＥＵに対して批判的な意見が勢いを増していたのである。

イギリスの世論でＥＵに対する批判的な声が強まっていたのには、リーマン・ショック後の金融危機とユーロ危機が背景にあった。ジャーナリストのロジャー・リドルもこれについて、「ユーロ危機はイギリスの欧州懐疑主義に、著しく勢いを与えることになった」と述べている。[13] これによって、イギリス政治ではユーロ参加を求める声はほとんどなくなってしまい、ＥＵの非効率性や非民主性についての批判が勢いを増していった。

(4) 二〇一一年ＥＵ法令

二〇一一年になると、保守党マニフェストや連立合意文書に記されたとおり、一九七二年のＥＣ法令を改正したＥＵ法令が制定された。その第六条には、ＥＵへのさらなる権限の移譲の際には、イギリスで国民投票を行うことが明記されている。[14] さらには、ユーロ参加やシェンゲン協定への参加などについても、国民投票が必要だとしている。この「レファレンダム・ロック」によって、国民投票なしには新たな条約の批准や、権限の移譲が認められないことになった。イギリス国内世論に、ＥＵへのさらなる権限の移譲に強い抵抗が見られたことからも、これ以降のＥＵの条約改定交渉はきわめて難航することが予想された。

さらに、ＥＵ法令第一八条は、主権条項（The Sovereignty Clause）と呼ばれるが、いかなるＥＵ法もイギリス国内では議会を通じてのみ施行されると規定している。イギリスの議会主権がここでは確認されており、これもまた保守党内の欧州懐疑派の従来の要望に沿うものであった。

キャメロン首相は党内では、穏健な欧州懐疑派あるいは中道派と位置づけられており、EU離脱をも求める欧州懐疑主義の強硬派の議員とは一線を画していた。しかしながら、党内の大勢が欧州懐疑派であり、またとりわけ主流派の有力議員に欧州懐疑派が多いことからも、キャメロンはそのような声を無視することはできなかった。キャメロンは、いわば欧州懐疑主義の潮流にのみ込まれてしまったといえる。

二〇一一年一二月には、欧州理事会でユーロ危機を解決するための緊縮財政に関する財政協定（fiscal compact）が合意されると、キャメロン首相は強硬にイギリスの適用除外を要求し、それは実現された。というのも金融の中心街シティが、EUからの規制が加わることに強い抵抗を示しており、キャメロンにはそのようなシティの利益を擁護することが求められていたからであった。結局翌年の一月三〇日に、イギリスとチェコが適用除外となって、財政協定が発効することとなった。[15] キャメロン政権になってから、こうしたことによりイギリスとEUとの関係は悪化していく一方であった。

このEU法令について、ウィリアム・ヘイグ外相は次のように称賛した。「もしこれが実際に法制化されたならば、ヨーロッパのなかでは最も強力な国民の民主主義の擁護となるであろう。これは、国民の民主主義の著しい前進である。」[16]

とはいえキャメロン首相のヨーロッパ政策は、プラグマティズムに基づくものであって、リスボン条約も含めてそれまでの合意を覆すようなことはしなかった。[17] また、EU加盟継続を問う国民投票を実行するかどうかについても、明言することを避けていた。党内の欧州懐疑派を懐柔しながら、可能な限り柔軟にEUとの関係を維持しようと努めていたのである。そのようなキャメロンの姿勢に対して、保守党内の欧州懐疑主義の強硬派は不満を募らせていく。

二〇一二年六月に、欧州理事会に出席するためにブリュッセルに到着したキャメロン首相に対して、EU加盟継続を問う国民投票を求める一〇〇名以上の保守党議員の嘆願書が届いていた。[18] キャメロン首相としても、そのような党内からの圧力に応える必要が感じられるようになった。そのような圧力のもとで、彼は年をまたいだ二〇一三年一月に、国民にEU加盟を問う国民投票を行う意向を示すこととなる。

EU加盟継続を問う国民投票

(1) キャメロン首相の国民投票演説

二〇一三年一月二三日、キャメロン首相は党内の欧州懐疑派の要望に応えて、二〇一五年の総選挙に保守党が勝利した際には、二〇一七年までにイギリスのEU加盟存続を問う国民投票を実施することを宣言した。それが本章冒頭で紹介した国民向けテレビ演説である。

この演説は、キャメロン個人のプラグマティックな政治姿勢を反映して、またイギリスで活動する多国籍企業などにも配慮して、ＥＵと建設的な関係を発展させたいという意欲が強く感じられるものであった。

キャメロンは、「われわれはこれまで、いつでもヨーロッパの大国であり、これからもずっとそうであり続ける」と語った。また続けて、次のように述べている。「カエサルの軍隊からナポレオン戦争の時代まで、宗教改革から啓蒙主義時代、そして産業革命の時代や、ナチス打倒の時代まで、われわれは、ヨーロッパの歴史を描くことを常に手伝ってきたし、またヨーロッパもわれわれの歴史を描くことを手伝ってきた。」すなわち「私は、イギリス孤立主義論者ではない。」

キャメロン首相は、このような国民投票はヨーロッパの利益にもなるという。というのも、「私はイギリスにとってのより良い合意を求めているだけではない。私は、ヨーロッパにとっても、より良い合意を求めているのだ。」そして、次のように続けた。「二〇一五年の総選挙の際の保守党のマニフェストでは、次の会期で保守党政権はヨーロッパのパートナーたちと新しい条件を求めて交渉をすることを、イギリス国民に約束することになる。それは、その核心において、単一市場に関するものとなるであろう。そして、われわれが新しい条件に関して交渉を終えた後に、保守党政権はイギリス国民に対して、このまま加盟を存続するか、あるいは離脱するかを問う国民投票の機会を提供することになる。このような新しい条件に基づいてＥＵへの加盟を続けるのか。あるいは完全に離脱をしてしまうのか。これは、単純な、加盟するのかしないのかを問う国民投票となる」[19]。

問題の本質は、ＥＵには十分な民主主義が欠けているということであった。キャメロン首相は次のように述べる。「私の考えでは、ヨーロッパには単一のデモス（民衆）は存在しない。ＥＵのなかで、本当に民主的正統性や民主的説明責任の真の源泉となっているのが、そしてこれからもなり続けるのが、加盟各国の議会である。」したがって、そのような民主的正統性が欠けたＥＵが、これからイギリス国民の民意に問うことなく権限を増大させることは認められないのだ。だからこそ、ＥＵとの再交渉が必要だと、キャメロン首相は説いている。

しかし、キャメロン首相は演説の最後で次のように述べて、イギリスがＥＵのなかにとどまる必要があると説いている。「国民投票のときが来たならば、そのような再交渉ができるとすれば、私は心の底から加盟継続のためにキャンペーンをするつもりだ。なぜならば、私はあることをとても深く信じているからだ。それは、イギリスの国益は、柔軟で、環境に適応した、開放的なヨーロッパ連合のなかで最良のかたちで実現するのであって、そのようなヨーロッパ連合はイギリスが加盟することで達成されるということだ[20]。」

このようにキャメロン首相は、ＥＵ加盟継続を問う国民投票実施を宣言することで欧州懐疑派の要求に屈しながらも、同時に加盟存続のためにキャンペーンをすると述べて親欧州派を安堵させようと試みている。とりわけ、イギリスのEU離脱の可能性によって、海外の投資家が対英投資に慎重になることや、イギリス国内の企業がヨーロッパ大陸との取引に懸念を持つことに配慮をした上での発言といえる。とはいえ、イギリス国内ではこのキャメロンの演説をめぐり、激しい反応が見られることになる。

（2）キャメロン演説の反響

このキャメロン首相の国民投票演説をめぐっては、多様なコメントが寄せられた。

ドイツ首相のアンゲラ・メルケルは、「私個人の考えでは、ドイツはイギリスがヨーロッパ連合の重要な一部を構成し、活動的なメンバーであることを望んでいる」というコメントを寄せた。他方でドイツのギド・ヴェスターヴェレ外相は、「ヨーロッパは国益の合計ではなく、困難な時代における運命共同体である」と述べて、「サクランボ摘みのようなことでは、単純に機能しないのだ」と批判した。また、フランス外相のローラン・ファビウスは、「ヨーロッパがサッカーのクラブであると想像して、もしもあなたがそこに加わったならば、『ラグビーをしよう』などとはいわないでいただきたい」と述べた[21]。ヨーロッパ大陸では、キャメロン演説に対して冷静で批判的なコメントが多く見られた。

保守党内では、元財務相で、保守党を代表する親欧州派のケネス・クラークが、もしも数年後に行われる国民投票で「ノー」と決断したならば、それはイギリスにとっての「致命的な失敗」になると述べた。[22] 他方で、キャメロン内閣の教育大臣マイケル・ゴーヴと国防大臣フィリップ・ハモンドの二人の欧州懐疑派の閣僚は、今すぐ国民投票が行われたならば、自分はEUからの離脱に投票すると述べている。[23] キャメロン首相自らが演説のなかでEU加盟継続の意義を力説しながらも、このように異なる意見が噴出するのは、保守党内で意見を一致させる難しさを示していた。これは、キャメロン首相の保守党内のリーダーシップの問題でもあった。

トニー・ブレア元首相は、BBCのラジオ番組に出演し、キャメロンの演説は、「いうことを聞かないと、私は自分の頭を銃でぶっ放すぞ」というコメディーを思い出すと述べた。そして、もちろんそんなことをいえば、他の二六の加盟国は、「どうぞご自由に」と応えるであろうといった。[24] 労働党は、この問題をめぐって議会ではキャメロン首相の決断を批判したものの、労働党内にも欧州懐疑派議員を抱えているため、党首のエド・ミリバンドも難しい対応を迫られていた。

追いつめられたキャメロン

二〇一二年秋に行われたEUにおける世論調査によれば、「EUから離脱する方が望ましい」と回答したのは、EU全体の平均では三二%にすぎず、離脱反対が五八%と多数であるのに対して、イギリスでは離脱賛成が五四%と過半数を超えており、反対は三五%にすぎなかった。[25] また、単一通貨ユーロへの支持についても、ＥＵ平均では賛成が五三%なのに対して、イギリスでは賛成は一四%にとどまっており、八〇%が反対していた。[26] いずれの質問においても、ＥＵ加盟二七カ国のなかでイギリスが最も統合には消極的で批判的といえる。

イギリスの著名な政治学者であるオクスフォード大学教授（当時）ヴァーノン・ボグダナーは、イギリスの議会選挙で議員が選ばれるのは、あくまでもイギリス国民の利益のためであって、議会の権限をＥＵに移譲するためではないという。[27] だとすれば、権限移譲の判断は議会ではなくて、あくまでも国民投票で行うべきである。国民の支持がなければ、イギリスとＥＵとの関係も建設的に発展しない、という意見を示している。

欧州懐疑主義の潮流は、ユーロ危機の余波もあって、ＥＵ加盟国全体に見られていた。欧州議会議員で、連邦主義者でもあるアンドリュー・ダフは、「『親欧州派』はいま、困難な時代にいる」とキャメロンの演説のあとに述べていた。「少なくとも短期的には、ＥＵの将来について楽観主義を語る者はほとんどいない」のだ。[28] ダフが語るように、キャメロン政権において欧州懐疑派が勢いを増していたのは、ユーロ危機以降のＥＵ全体の動きと符合しているともいうことができる。しかしながら、前述のようにこのような強硬な欧州懐疑主義を掲げる政党が、主要政党として政権党となっていたのは、イギリスに固有の特殊な現象ともいえる。ドイツやフランスやイタリアなどでは、当時主要政党は基本的に、EU政策についてはより穏健で建設的な立場をとっていた。

すでにこのとき、イギリスはEUのなかで孤立していた。また、保守党内では欧州懐疑派の議員がキャメロン首相に公然と圧力をかけていた。そのようななかで、キャメロンは国民投票という危険なギャンブルに乗りだしたのであった。

(1) Prime Minister David Cameron's speech on the future of the EU and the UK's Relationship with it. http://www.number10.gov.uk/news/eu-speech-at-bloomberg. 23 January 2013.

(2) このような保守党内での亀裂については本書第2章および、Julie Smith, "The European Dividing Line in Party Politics", *International Affairs*, vol.88, no.6 (2012) pp.1277–1295を参照。

(3) 欧州懐疑派の台頭については、Andrew Geddes, *Britain and the European Union* (Basingstoke: Palgrave, 2013) chapter 9, pp.218–251が詳しい。

(4) Prime Minister David Cameron's speech on the future of the EU and the UK's Relationship with it.

(5) Philip Lynch, "The Conservatives and the European Union", Simon Lee and Matt Beech (eds.), *The Conservatives under David Cameron: Built to Last?* (Basingstoke: Palgrave, 2009) p.187; Roger Liddle, *The Europe Dilemma: Britain and the Drama of EU Integration* (London: I.B. Tauris, 2014) p.199.

(6) Geddes, *Britain and the European Union*, p.101.

(7) この経緯については、本書第3章を参照。

(8) Lynch, "The Conservatives and the European Union", p.190.

(9) The Conservative Party, *Invitation to Join the Government of Britain: The Conservative Manifesto 2010* (London: The Conservative Party, 2010) p.113.

(10) Ibid.

(11) Geddes, *Britain and the European Union*, p.102; Philip Lynch, "The Con-Lib Agenda for Europe", in Simon Lee and Matt Beech (eds.), *The Cameron-Clegg Government: Coalition Politics in an Age of Austerity* (Basingstoke: Palgrave, 2011) p.221.

(12) HM Government, *The Coalition: Our Programme for Government* (London: Cabinet Office, 2010) p.19; Geddes, *Britain and the European Union*, p.103.

(13) Liddle, *Europe Dilemma*, p.201.

(14) この二〇一一年EU法令については、河島太朗「イギリス 二〇一一年欧州連合法の制定」『外国の立法』第二四九巻第一号（二〇一一年）一〇―一一頁を参照。

(15) Geddes, *Britain and the European Union*, p.110.

(16) "William Hague Says EU Bill Is 'Massive Advance'", BBC News, 9 January 2011. http://www.bbc.co.uk/news/uk-politics-12147095.

(17) Liddle, *Europe Dilemma*, p.222.

(18) Ibid., p.215.

(19) Prime Minister David Cameron's speech on the future of the EU and the UK's Relationship with it.

(20) Ibid.

(21) "Reaction to Cameron's EU Speech: 'A Politics of Cherry-Picking Will Not Work'", *The Guardian*, 23 January 2013.

(22) Nicholas Watt, "Kenneth Clarke: Leaving EU Would Be Fatal Mistake", *The Guardian*, 30 January 2013.

(23) Nicholas Watt and Rajeev Syal, "David Cameron Faces EU Cabinet Crisis as Ministers Break Ranks", *The Guardian*, 13 May 2013.

(24) Nicholas Watt, "Tony Blair: Cameron's EU Strategy Is Holding a Gun to His Own Head", *The Guardian*, 23 January 2013.

(25) Standar Eurobarometer 78, Public Opinion in the EU – Autumn 2012.

(26) Ibid.

(27) Vernon Bogdanor, "Why the Left Should Support a Referendum on Europe", *The Guardian*, 27 January

2013.

(28) Andrew Duff, “On Dealing with Euroscepticism”, *Journal of Common Market Studies*, vol.51, no.1 (2013) p.141.

第5章　イギリス国民の選択

アイデンティティをめぐる政治

二〇一三年一月二三日にキャメロン首相は、二〇一五年の総選挙で保守党が勝利した場合には、EU残留を問う国民投票を二〇一七年末までに行う公約を明らかにした。そのことは、実際に、二〇一五年の保守党の総選挙マニフェストで、次のように記されている。

「われわれは、議会の最初の会期において、イギリスのEU加盟の可否を問う国民投票を二〇一七年末までに行うための立法措置を行う。われわれは、EUのなかのイギリスに関する新しい合意を目指して交渉を行うことになる。そして、われわれはイギリス国民に、このような合意に基づいてEUに残留をするか、あるいは離脱をするか、問いかけることになる。国民投票がいかなる結果になろうとも、国民の意思を実行することになるであろう。[1]」

イギリスの将来にとって、二〇一四年九月に行われたスコットランド独立を問う住民投票、そして二〇一七年末までに行われることになるEU離脱を問う国民投票という、二つのレファレンダムは、きわめて重要な意味を持つことになる。二〇一四年のスコットランド独立をめぐるレファレンダムにより、結果として、スコットランドの人びとが連合王国への残留を決断することになった。

ロンドン大学キングズ・コレッジのバーノン・ボグダナー教授は、二〇一五年の総選挙について、「イデオロギーの政治に代わり、アイデンティティ（自分は何者か）の政治の時代になった。国民は選挙で、自分たちは英国人なのか、欧州人なのか。または、スコットランド人なのか、イングランド人なのかを問われる。グローバリズムの利益の享受層と、そこからこぼれた層との間に溝が生まれていることを反映した現象ともいえる」と分析している。[2] また、ロンドン・スクール・オブ・エコノミクスのニック・アンステッド准教授は、「英国は今後、英国内とスコットランド内の二つのナショナリズムにさいなまれ、身動きが取りにくくなる」と論じている。[3]

今回の総選挙が、イギリスのナショナル・アイデンティティをめぐる転換点となり、また連合王国の一体性を維持する上での大きな分岐点となることを予期していたのが、イギリスを代表する著名な歴史家である、オクスフォード大学教授のティモシー・ガートン・アッシュであった。ガートン・アッシュによれば、分裂を深める連合王国において、その統一性を維持するための唯一の解決手段が、

「イギリス連邦王国（a Federal Kingdom of Britain）」の樹立にあるという。[4] それほどまでに、イギリスの国家としての一体性は、危機に瀕していたのだ。

総選挙を一カ月ほど前にした四月三日から四日にかけて行われた世論調査では、保守党を支持する者が三四%、そして労働党を支持する者が三三%と、かつてないほどの接戦が繰り広げられていた。[5]「EUにとどまっていては移民の制限はできない」と叫ぶ、ナイジェル・ファラージュ率いるイギリス独立党（UKIP）は、一三%の支持率と、無視できない勢力を誇っていた。

また、この時期には、EU残留を支持する者が四六%で、離脱を支持する者は三六%と、残留派が離脱派を大きく上回っていた。[6] この時点で国民投票を行えば、EU残留派が勝利することは明らかであった。また、キャメロン首相もそのことを疑っていなかった。しかしながら、それまでの世界各国で行われた国民投票の歴史を紐解けば、いかに国民感情が移ろいやすく、いかにそれをめぐる情勢の推移の早さが国民の判断を動揺させるかが理解できる。

さて、総選挙の日が近づくと、保守党と労働党の政党支持率が接戦になっていることから、いかなる政党も単独過半数を確保するのが難しいという見通しが広がった。だとすれば、考えられるのは、連立政権の成立であって、それゆえ連立の組み替えが大きなイシューとして論じられるようになっていた。

大国イギリスの終焉

二〇一五年のイギリス総選挙の前後に、外交評論家などの間で一つのテーマについて興味深い議論がなされていた。それは、世界大国としてのイギリスの終焉についてである。イギリスがますます世界への関心を失い、内向きになり、EUにも背中を向けて、ナショナリズムが強化されていることへの懸念が示されていた。また、イギリスが緊縮財政政策の結果として、急速に軍事力を縮小していることへの警鐘がなされている。

例えば、アメリカを代表するコラムニストの一人であるファリード・ザカリアは、『ワシントン・ポスト』に「世界大国としてのイギリスの終焉」と題するコラムを寄せて、イギリスが「いかに視野狭窄となってしまったかに驚愕している」と記している。「誇るべき三〇〇年の歴史の後に、イギリスは実質的にグローバル・パワーとしての地位を放棄してしまったのだ」という。(7) その理由として、イギリス政府が今後、兵力の水準を八万人程度まで削減することが指摘されており、イギリス国内の報道によればさらに五万人規模まで減らす方針のようである。それはなんと、ニューヨーク市警察と同じ規模にすぎない。これではとても、世界大国としての責任を果たすことはできないだろう。

そのように論評するのはザカリアだけではない。『エコノミスト』誌もまた、「リトル・ブリテン」と題する記事のなかで、兵力の削減が同盟国の失望を生んでいる現実に警鐘を鳴らす。そして、「イギリスは世界でより小さな役割を担うことが運命づけられているのだ、と首相が二〇一〇年に論じたことは、純粋に誤った考え方である」と批判する。[8] さらにイギリスの公共放送であるBBCのニュースサイトでも、「イギリスは世界大国であり続けるのだろうか？」と題する記事が報じられ、世界で果たすべきイギリスの役割が、総選挙の隠れた主要な争点であることを指摘していた。[9]

イギリスの国名でもある「グレート・ブリテン」を揶揄して、「リトル・ブリテン」と称するのは『エコノミスト』誌だけではない。例えば、イギリスの安全保障専門家のジュリアン・リンドレイ＝フレンチは、『リトル・ブリテン？――中規模欧州国家の二一世紀の戦略』と題する著書のなかで、イギリス政府のなかの官僚が、「衰退思考」[10]に包まれて、大きな構想を生み出すことなく、世界への関与の縮小のみを考えていることを批判する。

イギリスの世界大国としての地位の終焉が議論された一つの大きな理由は、総選挙で保守党が勝利したことによって、EU加盟をめぐる国民投票の実施が確実となり、それによってイギリスがEUから離脱する見通しが生じたことである。『フィナンシャル・タイムズ』のなかで、外交問題コラムニストのフィリップ・スティーブンスは、イギリスのEU加盟は、イギリスのナショナル・パワーを増加させるツールであり、それを減退させるものではないと論じた。[11] それは、言い換えれば、イギリスがEUから離脱すればそのような影響力は失われることを意味する。

二〇一五年、イギリスは大きな転換点に直面していた。問題は、イギリスの連合王国としての統一性を維持できるかどうかであり、ＥＵ加盟を維持できるかどうかであった。そして、もしもイギリスがＥＵから離脱し、さらに連合王国としての統一性を維持できないとすれば、それは必然的に「世界大国としてのイギリスの終焉」に帰結することが自明であった。はたして、イギリス国民は、どのような選択をしたのであろうか。

イギリス総選挙の結果

二〇一五年五月二六日に行われたイギリス総選挙では、当初の予想を覆して、保守党が単独で議席の過半数を確保することに成功した。そして、マニフェストでの公約の通りに、二〇一七年末までにＥＵ加盟存続を問う国民投票を行うことになった。

保守党は議席を二四増やして三三一議席となり、単独過半数を超えることができた。他方で労働党は、二六議席を失い、二三二議席となった。最も議席を増やしたのは、スコットランド国民党であった。議席数は六議席から五六議席へと、大幅増となった。他方で、自民党は四九議席を失い八議席となる歴史的大敗であった。

注目すべきは、イギリス独立党の台頭であった。小選挙区制という選挙制度に阻まれて、獲得議席数は一議席にとどまったが、得票数は三八八万票を超えた。これは自民党より多く、さらにスコットランド国民党の約二倍の得票数であった。得票数では全体の第三位となり、二大政党を脅かす位置まで来ていた。

もう一つの興味深い結果は、保守党と労働党の二大政党をあわせても、全体の六七％の得票率にしかならないことであった。戦後初期には九〇％を超えていた二大政党の得票率は大幅に低下して、国民の三分の一は、保守党と労働党の二大政党以外に投票していた。もはや、かつてのような安定的な二大政党制の様相はなかった。さらには、地域政党の台頭によって、保守党や労働党のような全国政党が、スコットランドのような地方で議席を獲得するのがより困難となっていた。スコットランドでは、保守党は獲得議席数がゼロであり、労働党は一議席のみである。いわば、スコットランド国民党がスコットランドのみでの議席の獲得を目指した地域政党であるのと同じように、保守党はイングランドのみに選挙地盤を擁する地域政党となってしまっていた。それは、連合王国としての一体性の維持が、これまで以上に難しくなったことを意味する。二大政党制は大きく変質し、また連合王国の一体性も自明ではない。イギリス政治は、これまでの伝統から大きく逸脱しはじめていた。

総選挙に勝利し、一九九七年のジョン・メージャー内閣以来の一八年ぶりの保守党単独政権を成立させたキャメロンは、翌日の二七日には施政方針演説で今後の政権の方針を示すことになった。イギリス政治の伝統に則り、上院でエリザベス女王が政府の作成した施政方針演説を読み上げるかたちで、政策方針が示された。そこでは、「英国とＥＵの関係について改めて交渉し、すべての加盟国の利益になるようなＥＵ改革を追求する」とされ、さらに「英国がＥＵから離脱することの是否を問う国民投票を二〇一七年末までに実施するための法案をできるだけ早く可決させる」との公約が改めて示された。[12] いよいよ、国民投票を通じて、イギリスの将来をイギリス国民が決定することになった。

イギリスとＥＵの権限配分

キャメロン首相が繰り返し述べてきたように、ＥＵ加盟継続の是否を問う国民投票で、イギリス国民はイギリスの運命を決することになる。その意思表明はあまりにも重い。[13] 可能な限り、客観的で信頼できるデータや事実に基づくように、イギリス政府は「権限配分レビュー（*Review of the Balance of Competences*）」と呼ばれる包括的な政府文書を、二〇一二年から一三年にかけて公開していた。合計で一三巻、三〇〇〇頁にも及ぶ膨大な分量の報告書であり、そこではＥＵとイギリスとの間でどのように権限が分配されているのか、そしてＥＵの権限が過剰であるのか、あるいはよりいっそうＥＵに権限を委譲することが望ましいのかが、それぞれの政策分野ごとに緻密に分析されている。ただし、ＥＵに残留することが望ましいのかどうかは、あくまでも国民が決定すべきことであることから、結論は書かれておらず、国民が自ら結論を導くように中立的な立場を維持している。[14]

とはいえ、膨大であり、かつ専門用語が多く含まれたこの報告書を、国民が幅広く読んで理解することは困難であった。しかしながら、そこにはいくつかの重要なデータが示されている。例えば、EU離脱派がしばしば、いまではイギリスの法律の七五%が、非民主的なブリュッセルのEUによって創られていると主張して、権限をブリュッセルの官僚組織からイギリス国民の手へと取り返すべきだと主張してきたが、それは明らかに事実に反する主張であることがわかる。この報告書によれば、イギリスにおける第一次立法の六・八%がEUでなされているのにすぎず、第二次立法でも一四・一%にすぎない。[15] いわば、現在でもイギリスの立法は九割前後があくまでもウェストミンスター議事堂でイギリス国民の手によってなされているのだ。

また、この報告書では、離脱派が主張するような、EUの権限は再交渉によって変えることができないという主張が誤りであることが明らかにされている。あくまでも、加盟国の意思と交渉によってEUの権限が確定されているのであって、もしも問題があれば権限を再び加盟国へと戻すことも可能である。例えば、保守党の重鎮で元財務相のナイジェル・ローソン卿が、近年過激なEU離脱派へと転向して、EUが「改革が不可能だ」と述べていることは事実に反していることが明らかとなっている。[16]

おおよそ、EUが排他的権限を持っている分野は、対外通商政策や、単一通貨ユーロ、さらには限定的な漁業政策など、きわめて限られている。イギリスはユーロに加盟していないので、対外通商政策がほぼ唯一の重要な争点となり、とりわけ「単一市場」の「人の自由移動」に関する問題が争点となっている。ＥＵは、「モノ、カネ、ヒト、サービス」の四分野の自由移動は不可分であると考えており、それが「単一市場」を構成して、ＥＵの中核となっている。

ＥＵ離脱派は、イギリスから離脱してもノルウェーのように欧州経済領域（ＥＥＡ）に加盟すれば、単一市場に加わりながらも移民をコントロールして、権限をイギリス国民の手へと戻すことができると主張する。しかしこれは明らかな誤りである。しばしば指摘されているように、ＥＥＡに加盟してもイギリスはＥＵ法の制約の下に入り、したがって「人の自由移動」にも従属しなければならない。さらには、ＥＥＡ加盟国は、ＥＵに拠出金を支払いながらも、ＥＵの政策決定に加わることはできない。したがって、従来のようにイギリスが条約交渉によって勝ち取ってきた拠出金優遇措置や、ユーロ不参加、シェンゲン協定の不参加など、数多くの適用除外の特権を、今後は手放す必要があるし、新たに適用除外を求めることも難しくなる。すなわちＥＥＡ加盟は、イギリスのＥＵへの影響力をよりいっそう低減させるだけでなく、現在あるＥＵの制約から逃れられなくする意味で、離脱派にとっても最悪の選択なのである。[17]

また、ＥＵは域外国と七九四の貿易協定を締結しており、さらには多国間国際組織とは二五一の協定を締結している。[18]それらに加えて、条約のかたちをとらない付随的な合意や協定を含めれば、その数は二〇〇〇になるともいわれている。イギリスがＥＵから離脱するということは、これらの貿易協定がすべてイギリスにとって効力を失うことを意味するので、同等な協定をすべての相手と締結し直さなければならない。しかしながら、世界最大の市場を持つＥＵと比べてイギリスの場合はバーゲニング・パワーがはるかに低いために、ＥＵと同等の水準の有利な条件を確保することは簡単ではない。もしも現在よりも不利な貿易協定となれば、それはそのままイギリス企業などにとっても経済活動が不利になることを意味する。

この報告書でも明らかであるが、ＥＵ加盟はイギリスにとって最良の選択肢である事実が浮かび上がってくる。それは、多くの財界人の共通理解でもあった。二〇一三年九月の世論調査では、イギリス産業連盟（ＣＢＩ）加盟企業のうちで七一％がイギリスのＥＵ加盟がイギリス経済によい影響を及ぼしていると返答して、そうではないと答えたのは一三％にすぎない。また、七五％がイギリスのＥＵ離脱がイギリスへの対外直接投資に対して否定的な影響を及ぼすと返答し、八六％がＥＵ市場へのアクセスにとってマイナスの影響があると答えている。さらには、イギリスの製造業協会（Manufacturers' Organization）加盟企業への調査では、八五％が加盟継続を望むと答えている。また、イギリスの金融業関連の企業への二〇一三年一二月の調査では、八四％がＥＵ加盟継続を求めると答えており、わずか五％が離脱を求めると答えている。また、九五％はヨーロッパの単一市場へのアクセスがイギリスの将来の競争力にとって重要だと答え、八八％がＥＵ加盟はイギリス経済によい影響を及ぼしていると答えている。(19)

このようにして、イギリス産業界を対象とした世論調査に基づけば、圧倒的多数がＥＵ加盟継続はイギリス経済にとって死活的に重要だと考えていた。言い換えれば、ＥＵ離脱がイギリス経済にとって致命的なマイナスの効果をもたらし、離脱によってイギリス経済を好転させることはほぼ不可能であることがわかる。ＥＥＡ加盟は、そもそも離脱派にとって好ましくないシナリオになるはずであるし、それ以外には選択肢は見当たらない。

それゆえに、ゴールドマン・サックス副会長のマイケル・シャーウッドは、「われわれの社員はロンドンにとどまることを求めているし、われわれはそこから離れることを嫌う。だが、金融サービス市場のあらゆる欧州企業が、きわめて短期間の間にそこから離れていくことになるだろう」と語っている。[20]さらには、ロンドンのシティの金融業の業界団体（TheCityUK）のジェリー・グリムストンは、「もしもわれわれが、ヨーロッパの金融市場の首都としての地位を失ったら、シティの優位な地位が残存するとは思えない。もしもわれわれが単一市場から離脱するならば、その地位を維持することができるとは考えられない」と率直に語っている。[21]

そもそも離脱派は、ここに紹介したような客観的なデータに基づいた経済的な理由や合理的な理由に基づいて、離脱の必要を説くことはほとんどない。そうではなく情緒的なＥＵ批判や、「主権を回復する」というナショナリズムの物語のような、国民感情にアピールするプロパガンダを訴えることが多い。

離脱派が簡明な言葉、激しい文言、そして汚い攻撃的な表現によってＥＵを批判することで国民の支持を拡大するのに対して、残留派はむしろここで指摘したような詳細なデータや事実に基づいてEU加盟の重要性を説いている。そうなると、どうしても離脱派のほうに国民の支持が傾いていくのも、ある程度やむを得なかったのである。

改革と再交渉

総選挙で勝利したキャメロン首相は、施政方針演説で示したとおりEUとの再交渉を行って、イギリスによってよりよい加盟の条件を確保しようと試みていた。そして、実際に、総選挙から一カ月を経た六月二五日と二六日の欧州理事会で、EU改革と再交渉を実施することをキャメロン首相が議題として取り上げた。[22] EUはそのようなイギリスの国内政治状況に振り回されながらも、イギリスがEUから離脱する衝撃を回避するためにも、可能な限りキャメロン首相の要望に応えようと努力することになる。

二〇一五年一一月一〇日、EUと再交渉するためもあって、キャメロン首相はドナルド・トゥスク欧州理事会常任議長宛に、「改革された欧州連合における連合王国のための新たな解決」と題する書簡を送っている。

そのなかでキャメロン首相は、イギリス政府の要求する改革項目を明示している。[23] そこでは、「経済ガバナンス」、「競争力」、「主権」、「移民」の四項目におけるイギリス政府の要求が示されている。「経済ガバナンス」では、ユーロ圏非加盟国であるイギリスの利益と権利が尊重されることが、要請されている。「競争力」においては、新自由主義的な観点から、EUにおける規制を緩和する必要が指摘されている。「主権」においては、EU法として定着して、条約にも明記されている「いっそう緊密な連合（ever closer union）」に向かう方向が、イギリスには適用されないことを要請している。そして、最も困難な争点となった「移民」については、イギリスへの移民の流入を制限して、過剰な財政負担を負うことがないように、域内移民がイギリスで在職給付や公営住宅入居資格を得るには「四年間」居住することを条件とすることを要求している。

このようなイギリス政府の要望に対して、他のEU加盟諸国からは強い抵抗や反発が見られたが、EU加盟二八カ国中でドイツに次ぐ第二の経済規模を持つイギリスの離脱はEUや世界経済全体への影響があまりにも大きいことが懸念された。二月一八日から一九日にかけて、ブリュッセルで臨時欧州理事会が開催されて、このイギリスのEU改革案が討議されることになった。一八日の午後八時に夕食をとりながらはじまった意見交換は、当初の想定を大幅に超えて日付が変わった午前二時過ぎまで続いた。その後も、トゥスク常任議長は合意をまとめるために各国政府首脳の説得に回り、午前五時半まで協議が続いた。(24)

二月一九日の午後一時半に協議が再開し、結局合意が妥結したのは夜遅くになってであった。とりわけ困難であったのが、四点目の「移民」についての合意であり、「人の自由移動」というEU法の基本理念を傷つけることなく、イギリス政府の要望を受け入れることは容易なことではなかった。最終合意では、過剰な移民流入への「緊急措置」として四年間の社会保障の給付の段階的制限を認めることになった(25)。イギリス政府はこの措置を最長で一三年間続けることを求めたが、合意では最長期間は七年間とされた。かろうじて「緊急措置」とすることで、「人の自由移動」という基本理念とイギリス政府の要求を両立させようとしたのである。

さらに、大きな問題として、「経済ガバナンス」については、非ユーロ圏加盟国がユーロ圏の財政安定のための緊急措置に財政負担を負わないことによって、EUの内部が構造的に二つのグループに分裂する傾向が強まった。EU内は、二層構造として中核のドイツやフランスなどのユーロ圏加盟国と、ユーロ不参加の諸国との分裂が固定化される可能性が高くなった。

これについてトゥスク常任議長は、「英国には欧州が必要で、欧州にも英国が必要だ。最後の決断は英国民に委ねられている」と語り、イギリス国民が国民投票でEU離脱を選択しないことへの期待をにじませた(26)。

キャメロンの闘い

二〇一六年二月一九日の午後一一時、欧州理事会における合意を受けてキャメロン首相は、「イギリスはEUのなかで、特別な地位を勝ち取った」と、自らの交渉による成果をイギリス国民に誇った。(27)国民投票の期日を四カ月後に控えて、キャメロン首相は、この合意がいかに大きな成果であるかをイギリス国民にアピールしなければならなかった。キャメロンは、次のように続けた。「イギリスは永遠に、より緊密な連合（ever closer union）に加わることはなく、ヨーロッパの超国家の一部になることはない。」そして、次のように語る。「イギリスは、けっしてユーロに加わることはない。そして、われわれは、自国経済のための重要な保護を確保することになり、自由貿易の単一市場のルールを作る上で完全な発言権を確保したまま、ユーロの外側に居続けることになる。これらは、イギリスが欧州連合に加盟し続けるべきだと推奨するための、十分な理由であると信じている。すなわち、二つの世界にとっての最良の選択であるのだ。われわれは、自らにとって利益となるようなヨーロッパの一部であり続け、世界最大の市場の操縦席に座り続けることでその決定に影響を及ぼして、同時にイギリス国民を安全にするための行動をとることが可能となる。そして、われわれにとって利益とならないようなヨーロッパの一部になることはない。開かれた国境管理の外側にいる。金融支援をしなければならないことはない。ユーロに参加することはない。そして、イギリスが望まないようなあらゆる計画に加わることもない。[28]」

キャメロン首相の言葉からは、ヨーロッパの未来をともに築いていくための希望に溢れた言葉は見つからない。ヨーロッパから距離を置き、ヨーロッパの支配を受けず、その計画を否定することでイギリス国内の欧州懐疑派の支持を獲得しようと試みていた。しかしながら、保守党にとってこのような苦境はいわば自業自得であった。というのも、労働党政権の一三年間に、野党であった保守党は繰り返しEUを罵り、EUへの危機感を煽り、そしてそのようなEUに積極的に関与しようとしていた労働党政権を批判し続けていた。まるで、あらゆるヨーロッパ統合の計画が、汚れ、歪んでいて、イギリスの利益を損ねるかのような非難を続けてきた保守党が、政権を獲得してからEU加盟の利益を説いたとしても、そこに説得力は見られなかった。長期政権となっていた労働党を攻撃するための、いわば政局的な材料としてEUへの批判を続けてきた保守党にとって、まさにそれは墓穴を掘るような行為であり、自業自得であった。

EU離脱というリスクと背中合わせとなったキャメロン首相は、どうにかして国民に対して、EU加盟の意義を説こうとしていた。この欧州理事会におけるEUとの合意を基礎として、イギリス政府はEU改革とイギリスの「特殊な地位」について詳細に説明をするために、『二つの世界にとっての最良の選択（*The Best of Both Worlds*）』と題する政府白書を刊行した。ここでは、イギリスの要望に従ってEUが改革されて、それによってイギリスの要求していた利益が実現可能であることが強調されている。[29]

ジョンソンとトランプ

他方で、この合意が見いだされた直後の二月二二日に、キャメロンの後の首相候補と目されており、イギリス国内での人気が高いボリス・ジョンソン・ロンドン市長が、ＥＵからの離脱を支持すると明確に語った。[30]ジョンソン市長が離脱を訴えたことは、世論の動向に強力な影響を及ぼすことになった。ジョンソン市長の離脱支持は、キャメロン後の首相のポストを狙うための政局的な判断だとの見方が強い。『フィナンシャル・タイムズ』の著名なコラムニストであるスティーブンスはこのようなジョンソンの不誠実な行動について、ジョンソンは「首相官邸で、自らがキャメロン氏と入れ替わることを求めるという、異様な野心に突き動かされている」と冷静に批判した。[31]そして、スティーブンスは、このような保守党内の無責任な政局的な動きが、かつて穀物法や帝国特恵関税制度をめぐり保守党が分裂したように、再び二一世紀において保守党が分裂する要因になると警鐘を鳴らした。

イギリス国民からの幅広い人気を誇り、演説の名手でもあるジョンソンが離脱派のリーダーとしてイギリス全国で遊説をはじめたことで、潮流が変わりはじめる。それまでは、内閣で周辺的な立場にあったマイケル・ゴーヴ法相や、極右政党のＵＫＩＰ党首のナイジェル・ファラージュ、そしてかつてキャメロンと保守党の党首選を争って敗れたデイヴィッド・デーヴィスというように、離脱派には国民にアピール可能なリーダーが不在であった。その空席を埋めるかのように、ジョンソンが離脱を訴えて派手な運動をはじめたのである。誰もが、それは首相の座を狙うための政局的な動きであることを疑わなかった。

このようにして、EU加盟存続をめぐるイギリス政治の迷走は、国益をめぐる冷静で合理的な計算に基づくのではなく、選挙における支持拡大を求める政党政治の力学や、EUへの不信感や移民への嫌悪感を煽る排外主義的なポピュリズム、さらには次期党首を目指す保守党内の権力争いの要素が強いことが見てとれる。

他方で、ジョン・メージャーとトニー・ブレアの二人の元首相は、イギリスのEUからの離脱が連合王国としてのイギリスを解体することに繋がることに警鐘を鳴らした。二人の元首相は、EU離脱によって北アイルランドの和平プロセスが座礁するばかりか、スコットランドでも独立の運動が加速して、連合王国としての一体性を維持することが困難になると指摘し、「未来を危機に陥らせる」と論じた[32]。

世界の多くの指導者が、イギリスのEU残留を強く求めているなかで、離脱を強く説く数少ない人物の一人が、アメリカで共和党の大統領候補となることが確定していた不動産王のドナルド・トランプであった。トランプは、自らが経営するリゾート施設を訪問するためにスコットランドを訪れた際、

ＥＵ離脱について「すばらしいことだ」、そして「それが実現しそうだ」と語った。[33] また、「基本的に、彼らは自らの国を取り戻すのだ。それはすばらしいことだ」と論じている。

ジョンソンとトランプという、まったく異なる性格と経歴を持つ英米二人のポピュリストが、同じような発言をしていることは興味深い。彼らは、正確な事実やデータに基づいて語るのではなくて、国民の空気を読み、国民の不満に迎合することで、人気を博している。トランプがスコットランドを訪れたのは、まさに国民投票が行われる直前のことであった。

決断の瞬間へ向けて

二〇一六年四月一二日のフィナンシャル・タイムズ社による世論調査の結果では、残留派が四三％、離脱派が四二％と拮抗しており、他の世論調査でもほぼ同様の傾向が見られた。[34] 国民投票当日の六月二三日の直前まで、はたしてイギリス国民が残留を選ぶのか、それとも離脱を選ぶのか、きわめて見通しが難しい状況となっていた。イギリスでは、二〇一六年四月から六月まで、このイギリスの将来を決めることになる国民投票に関連するニュースが、毎日大量に報じられていた。

イギリスのＥＵからの離脱が切実な問題となったのは、二〇〇九年一二月にＥＵ法を改定するリスボン条約が発効したことが大きな端緒となっている。というのも、このリスボン条約第五〇条で、はじめてＥＵからの離脱の規定が明記されたからである。現在二八カ国体制のＥＵは、これまで離脱した加盟国はないが、一九八五年二月にデンマークの自治領であるグリーンランドが住民投票の結果、離脱を決めた。その際には、ＥＣとデンマーク政府との交渉によって、離脱の条件が合意されている。すでに見てきたように、保守党は一九九〇年代から二〇〇〇年代にかけて、激しくＥＵを攻撃して、ＥＵに内在する問題を厳しく批判してきた。また、ルパート・マードックが所有する『サン』紙を中心に、イギリスのメディアも、ＥＵを批判することを日課として、イギリスがＥＵから主権を回復する必要を説いていた。国民意識もそれによって、大きく変わっていた。キャメロン政権は、そのような空気と闘って、ＥＵ残留を勝ち取らなければならなかった。

はたしてイギリス国民がＥＵからの離脱を選択した場合には、将来どのような道をイギリスは辿ることになるのだろうか。それは、イギリスの将来にとって望ましいシナリオとなるのであろうか。イギリス政府は、国民投票を実施する際の参考にできるように、国民投票の結果としてイギリス国民が離脱を選択した際に、その後どのようなプロセスを踏むことになるかを説明する政府の白書を二月に刊行していた。そこには、「第一にＥＵからの離脱について、第二にＥＵとの将来の取り決めについて、そして第三にはＥＵ域外諸国との通商協定について、過渡的な交渉の期間が必要となるであろう」と記されている。[35]その場合、離脱を決めてから、二年間の交渉の期間を経てイギリスとＥＵとの合意に到達しなければならず、両者の合意により交渉期間の延長をすることも可能となる。[36]

また、イギリスがEUから離脱した場合、イギリスとEUとの関係には加盟以外にどのようなモデルがあるのかを検討する政府白書もあわせて刊行している。そこでは、すでに触れたようにEUの規則が一定程度効力を持つ「ノルウェー型」（EU非加盟のEEA（欧州経済領域））、スイスのように独自の合意を形成する「二国間協定型」、そして通常の関税協定となる「WTO型」の三つの代替案となるモデルが提示されている。[37] 正式に離脱の合意に到達した後には、イギリス政府はこれらのなかから選択して、EUとの関係を再構築しなければならない。

二〇一六年四月一五日から、イギリス国内では加盟存続派と離脱派それぞれが、国民投票へ向けたキャンペーンをはじめることが可能となった。そこでイギリス政府は、『なぜ政府は欧州連合加盟存続に投票することがイギリスにとっての最良の決断と信じているのか』と題する、加盟維持を訴える一五ページほどのパンフレットを配布した。そこでは、「雇用創出」、「より強い経済」、「安全の提供」という三つの点が強調されて、EU加盟存続がイギリス国民の利益であることが強調されている。[38]

また、「EUは、われわれの市場へのアクセスを求めることから、（離脱後も）われわれはただちにEUとよい合意を見いだすことができる」という離脱派の意見に対して、冷静に反論している。すなわち、「EUのイギリスに対する輸出が全体の八％にすぎないのに対して、イギリスからEUへの輸出は全体の四四％を占めるために、実際にはそれははるかに困難となるであろう。[39]」貿易協定は、一般的に、バーゲニング・パワーの違いが合意に強く反映されることになる。イギリスがEUとの貿易に過度に依存している以上、EUは加盟国の利益を擁護するためにも、イギリスに対して厳しい態度で交渉に臨むはずである。それらの理由から、「政府は、イギリスがEUのなかにとどまることが、最良の利益となると確信している」と結論づけている。

イギリス政府は徹底して、客観的な指標やデータなどを用いて、EU離脱がいかにイギリス経済を破壊して、イギリスの雇用を失わせるかを訴えた。また、それによって現在のイギリス国民の生活水準が維持できずに、大きな衝撃を与えることになることを示そうとした。しかしながら、それは離脱派からは「恐怖プロジェクト」と揶揄されて、政府が脅しによって離脱派の国民を揺さぶろうとしていると批判された。むしろそれが逆効果ともなって、EUの非効率的な官僚組織への批判を繰り返し、イギリスの主権回復の物語を主張する離脱派の主張への共感が広がっていった。

実際に、イギリスのメディアや、主要シンクタンク、政府機関が刊行するシナリオ・プラニングやシミュレーションに基づけば、いずれにおいてもEU離脱によってイギリス経済が深刻な悪影響を受けることが明らかであった。例えば、『フィナンシャル・タイムズ』紙が行った一〇〇人以上もの経済専門家に対する調査結果では、EU離脱によって二〇一六年のイギリス経済が上向きになると回答した人は、一人もいなかった。六七人がより悪くなると回答し、三七人が大きな変化はないと回答しており、よくなるという回答はゼロであった。また、中期的には、よくなると回答したのが八人で、七六人は悪くなると回答しており、大半がEU離脱はイギリス経済に悪影響を及ぼすと予測している

ことが明らかである。(40)

さらには、保守派の歴史家のニオール・ファーガソンをはじめ、三〇〇名を超える著名な歴史家が、共同書簡を発表して、ＥＵ離脱によってイギリスの世界での歴史的な役割が失われると警鐘を鳴らした。(41)

新聞の紙面などで早くからＥＵ離脱の危機を訴えていたのが、先に紹介したオクスフォード大学でヨーロッパ史を教えるガートン・アッシュであった。ガートン・アッシュは、『ガーディアン』紙のコラムのなかで、次のようにその危機を論じている。「新しいバトル・オブ・ブリテンがはじまった。その結果によって、二つの連合の運命がかかっている。それは、連合王国と、欧州連合である。もしもイングランド人がＥＵからの離脱に投票すれば、スコットランド人は連合王国からの離脱に投票するであろう。それによって、イギリスは失われる。その一方で、すでに数々の危機に直面するなかで、ヨーロッパ大陸はＢＲＥＸＩＴの衝撃を受けることで、欧州連合の終焉へと向かうであろう。(42)」

他方で、離脱の明確なメリットを示す具体的な数字などは存在しなかった。離脱派はそのキャンペーンのなかで、「ＮＨＳに三億五〇〇〇万ポンド」とのスローガンを掲げて、ＥＵを離脱すればＥＵに支払っていた「毎週三億五〇〇〇万ポンド」の予算が浮いて、これを国民医療サービス（ＮＨＳ）に回せるという主張を繰り返した。(43)離脱派は、これを赤色の広報バスに大きく掲げて、全国を回るキャンペーンを展開した。これは国民投票後に、ファラージュＵＫＩＰ党首らが、必ずしも正確な数字ではないと明らかにしたように、実際のＥＵへの拠出額はその三分の一程度であった。さらには、ＥＵ離脱によって移民の入国を管理して、移民問題を解決できるかのようなキャンペーンも行ったが、これもまた後に離脱派は、必ずしもＥＵ離脱をしても移民が減るとは限らないと弁明している。

決定的だったのは、ジョンソン市長の活躍であった。ＢＢＣの報道によれば、「ジョンソン氏はドブ板〔選挙〕のように、『離脱に一票を』と書かれたバスで全国を縦横無尽に遊説し、あちこちのパブでビールを一杯やり、ミートパイをほおばって回った。」(44)『フィナンシャル・タイムズ』紙によれば、ジョンソンは、「カリスマ的で、人気があり、彼に対する批判的な論者によれば、紛れもない機会主義者」であり、また、離脱派における「最も卓越した指導者」であるという(45)。

五月一二日には、離脱派が作成した「ブレグジット・ザ・ムービー」と題する、一時間を超える長時間の動画がネットにアップロードされた(46)。それは、扇動的な内容であり、映像を用いて効果的に主権を回復する物語の重要性をアピールしていた。とりわけ、歴史を振り返りながら、イギリスが英雄たちの活躍でこれまで独立を維持してきたその闘いを紹介して、もう一度そのような偉大な独立と主権回復の物語を完結する必要を、イギリス国民の心情に訴えていた。

いよいよ、六月二三日の国民投票の日となった。イギリス国民は、自らの投票によって、自国の運命を決定することになる。

（1） The Conservative Party Manifest 2015: Strong Leadership, A Clear Economic Plan, A Brighter, More Secure Future, https://www.conservatives.com/manifesto.
（2） 『毎日新聞』二〇一五年四月五日。
（3） 『日本経済新聞』二〇一五年五月一五日。
（4） Timothy Garton Ash, “There Is One Solution to Our Disunited Politics: A Federal Kingdom of Britain”, *The Guardian*, 9 May 2015.
（5） 『朝日新聞』二〇一五年四月七日。
（6） 同右。
（7） Fareed Zakaria, “Britain Resigns as a World Power”, *Washington Post*, 21 May 2015.
（8） *The Economist*, “Little Britain”, 4 April 2015.
（9） Jowad Iqbal, “Does the UK Remain a World Power?”, BBC, http://www.bbc.com/news/uk-32317703?SThisFB.
（10） Julian Lindley-French, *Little Britain? Twenty-First Century Strategy for a Middling European Power*, 2nd edition (London: Createspace, 2015), nos.150-173.
（11） Philip Stephens, “The Mistake That Could Trigger Brexit”, *Financial Times*, 14 May 2015.
（12） 『日本経済新聞』二〇一五年五月二八日。
（13） *Review of the Balance of Competences between the United Kingdom and the European Union*, Cm 8415 (London: The Stationery Office, 2012).
（14） この政府報告書については、ブリュッセルの独立系シンクタンクである欧州政策研究センター（ＣＥＰＳ）が、その概要を紹介する簡潔で読みやすい文書を公表している。Michael Emerson (ed.), *Britain's Future in Europe: Reform, Renegotiation, Repatriation or Succession?* (London: Rowan & Littlefield, 2015) を参照。ただし、国民投票に至る過程で、この膨大な分量の政府報告書が幅広くメディアなどでも参照された様子はなく、シンクタンクなどが独自のリポートや分析を公表する際に重要なファクトやデータとして用いられることが多かった。
（15） Ibid., pp.1-2.
（16） Ibid., p.148.

(17) Ibid., p.161.
(18) Ibid., pp.159–160.
(19) Ibid., pp.165–166.
(20) Ibid., p.167.
(21) Ibid.
(22) 田中俊郎「EU統合と現代イギリス—イギリスはなぜEU統合から距離を置こうとするのか」小久保康之編『EU統合を読む—現代ヨーロッパを理解するための基礎』（春風社、二〇一六年）二五二頁。
(23) Prime Minister David Cameron to President Donald Tusk, "A New Settlement for the United Kingdom in a Reformed European Union", 10 November 2015, https://www.gov.uk/government/uploads/system/uploads/attachment_data/file/475679/Donald_Tusk_letter.pdf. EU法の観点からの解説としては、庄司克宏「イギリス脱退問題とEU改革要求—法制度的考察」『阪南論集』（社会科学編）第一五〇巻第三号（二〇一六年）三一—四三頁が詳しい。
(24) 『朝日新聞』二〇一六年三月八日。
(25) 『朝日新聞』二〇一六年二月一九日。
(26) 『日本経済新聞』二〇一六年二月二〇日。
(27) PM statement following European Council meeting, 19 February 2016, https://www.gov.uk/government/speeches/pms-statement-following-european-council-meeting-19-february-2016.
(28) Ibid.
(29) *The Best of Both Worlds: The United Kingdom's Special Status in a Reformed European Union*, Presented to Parliament pursuant to section 6 of the European Union Referendum Act 2015, February 2016.
(30) 『日本経済新聞』二〇一六年三月三日。
(31) Philip Stephens, "Brexit May Break Britain's Tory Party", *Financial Times*, 21 April 2016.
(32) "Major and Blair Say an EU Exit Could Split the UK," BBC, 9 June 2016, http://www.bbc.com/news/ukpolitics-eu/referendum-36486016?ns_mchannel=social&ns_campaign=bbc_daily_politics_and_sunday_politics&ns_source.
(33) Stephen Hopkins, "Donald Trump Calls EU Referendum Result a 'Great Thing' after Touching down

in Scotland", *The Huffington Post*, 24 June 2016.

(34) 『日本経済新聞』二〇一六年四月一八日。

(35) *The Process for Withdrawing from the European Union*, Presented to Parliament by the Secretary of State for Foreign and Commonwealth Affairs by Command of Her Majesty, Cm 9216, February 2016, p.8.

(36) 具体的な離脱のプロセスをEU法の観点から論じた研究として、中村民雄「EU脱退の法的諸問題―Brexitを素材として」福田耕治編著『EUの連帯とリスクガバナンス』(成文堂、二〇一六年) 一〇三―一一一頁を参照。

(37) *Alternatives to Membership: Possible Models for the United Kingdom outside the European Union*, Presented to Parliament pursuant to section 7 of the European Union Referendum Act 2015, March 2016.

(38) HM Government, *Why the Government Believes That Voting to Remain in the European Union Is the Best Decision for the UK*, April 2016, http://www.EU-Referendum.gov.uk.

(39) Ibid.

(40) Chris Giles and Emily Cadman, "UK's EU Referendum", *Financial Times*, 4 January 2016.

(41) Heather Stewart, "Vote to Leave EU Would 'Condemn Britain to Irrelevance', Say Historians", *The Guardian*, 25 May 2016.

(42) Timothy Garton Ash, "Here's How to Argue with a Brexiter – and Win", *The Guardian*, 20 February 2016.

(43) 「英国民投票―離脱派が勝った八つの理由」BBC NEWS JAPAN、二〇一六年六月二五日、http://www.bbc.com/japanese/features-and-analysis-36628343.

(44) 同右。

(45) George Parker, Jim Pickard, Kate Allen, Geoff Dyer and Guy Chazan, "How the Star Players on Rival Brexit Teams Line up", *Financial Times*, 22 March 2016.

(46) https://www.youtube.com/channel/UCATXCgC0kSWQDOQLtgP5Mbg.

終章　危機に陥る民主主義

ＥＵ離脱の決断

二〇一六年六月二三日に行われた、イギリスのＥＵ加盟継続を問う国民投票の結果は、残留が四八・一％、離脱が五一・九％と、事前の世論調査の結果の多くとは異なって、離脱派が多数となった。多くの者にとって驚きの結果となったが、これによって、四〇年を超えて続いてきたイギリスと統合ヨーロッパとの関係に終止符が打たれることになる。

熱狂に包まれたイギリスの国民投票をめぐる政治的騒動は、数多くの悲劇と喜劇をもたらした。また、国民投票の一週間前に、ジョー・コックス労働党下院議員が狂信的な離脱派の男性に殺害されるという痛ましい事件が起こっていた。コックス議員は、若く情熱に溢れ、労働党の将来のリーダーとなることが嘱望された、加盟残留派の希望の星であった。また、イギリスが移民社会として寛容と慈愛の精神を確かなものとして受け継いでいくことを、繰り返し唱えていた。弱者に優しい若き現職女性議員殺害という、これまでのイギリス政治では考えがたい惨劇は、イギリス政治にも不寛容の波が押し寄せていることを明確に物語っていた。

国民投票の翌日、結果が判明した後にキャメロン首相は本書冒頭にあるようにダウニング・ストリートの首相官邸の正面玄関から出てきて、テレビカメラに向かって声明を語りはじめた。キャメロンは、この声明のなかで、自らが首相を辞任する意向を表明した。キャメロンは、危険なギャンブルに乗り出し、自らの演説で合理的に国民を説得できると信じ、それに失敗したのであった。

未来の見通し

イギリス政治に、奇妙なことが連続して起こった。その後の保守党の党首選において、それまでカリスマ的な人気だったボリス・ジョンソンを支えていた、離脱派の法相、マイケル・ゴーヴが、保守党党首選の候補者締め切りの直前に、ジョンソンを支えることはせずに、自らが出馬する意向を明らかにした。これは、ゴーヴのジョンソンに対する裏切りであった。これによって、首相の座を虎視眈々と狙っていたジョンソンが次期首相になる可能性が潰えた。

他方で、キャメロン政権成立以来、内相を務めてきたEU残留派のテリーザ・メイが党首選に立候補した。メイは以前は離脱派に近い立場であったが、それほど強い信念でなく経済合理性に基づいてこの問題に向き合ってきたので、財務省やシンクタンクの報告書などがイギリス経済にとってEUに残留することが必要だと主張するのは合理的だと理解したのである。

強硬な離脱派であったアンドレア・レッドサム・エネルギー担当相と女性同士の一騎打ちとなった保守党党首選において、レッドサムは候補を辞退することになった。それに伴い、「氷の女王」とも呼ばれたメイが、キャメロンを継いでイギリスの首相に就任することになった。七月一三日、バッキンガム宮殿で正式に首相就任の下命を受けたメイは、首相官邸に戻ってから就任の演説を行った。演説では、EUについて触れるよりもまず先に、「われわれは連合に信頼を置いている」と述べている。[1]それは、独立の動きを見せているスコットランドや北アイルランドに対して、連合王国としての一体性を保持する重要性を説くものであった。言い換えれば、このときイギリスは、連合国家の解体という深刻な危機に直面していたのだ。そして、「われわれはEUを去るが、世界での新しく前向きな役割を育んでいく。そしてイギリスは限られた少数の特権階級ではなく、国民一人ひとり全員のために働く国家になるのだ。」と述べた。

早速メイは組閣を進めて、外相の座には離脱派のボリス・ジョンソンが、新設のEU離脱担当相には、党内で最も強硬な離脱派のリーダー格であったデイヴィッド・デーヴィスが、そして新設の国際貿易相にはリアム・フォックスが就任し、ここに、メイ保守党政権が成立した。キャメロン首相が背負っていた問題よりも、はるかに大きくて難しい問題を背負って、これからメイ首相は政権運営をしていかなければならないのである。

アジアへの余波

国民投票の結果が明らかになった日に、日本ではイギリスのEU離脱問題に関する関係閣僚会議が開かれた。そこで安倍晋三首相は、次のように述べている。

「英国にて示された国民投票により、英国のEU離脱という意志が示されました。伊勢志摩サミットにおいても、英国の離脱は世界経済の成長に対するリスクの一つであるという認識を各国首脳と共有したところであります。この投票結果が、世界経済や金融・為替市場に与えるリスクについて懸念しており、金融市場の安定化に万全を期す必要があります。加えて、英国で事業活動を行う日本企業への影響を始め実体経済への影響もあり、これにもしっかり対応していく必要があります。必要なことは、国際協調です。先般の伊勢志摩サミットでは、こうしたリスクに対して、『新たな危機に陥ることを回避するため』、『適時に全ての政策対応を行う』ことを、既にG7首脳間で合意しています。我が国としては、G7議長国として、この合意した方向に沿って、世界経済の成長と、為替市場を含む金融市場の安定に万全を期してまいります。」[2]

二〇一六年、日本はG7の議長国として、五月に伊勢志摩サミットを開催して、不透明化する世界経済について協議を行った。先進国間協調によって、世界経済を好転させようとする努力も、イギリスのEU離脱に伴うヨーロッパ経済の不安によってかき消されるかもしれない。日本とイギリスとの貿易額は限られたものであって、それゆえ日本経済への影響はそれほど大きくないという予測もあったが、成長へ向けた足腰の弱い日本経済にとっても、国民投票の結果としてイギリスがEU離脱を選択したというニュースは、大きな衝撃をもたらすことになった。[3]

また、中国の李克強首相は、訪問中の天津で演説して、イギリスのEU離脱について、「国際金融市場への影響はすでに明確に現れており、世界の不確定性はさらに増した」として、懸念を示している。[4]さらに、「欧州は中国の大事なパートナーだ。我々は団結し安定したEUと、安定し繁栄する英国を望んでいる」と述べていることからも、イギリスのEU加盟継続を望んでいた様子がうかがえる。日本もまた、イギリスがEUの貿易協定の枠組みから離れることで、日英の経済協定の深化の可能性を模索しはじめている。[5]株価の乱高下は落ち着き、世界経済はある程度の落ち着きを見せている。しかし、本当の混乱がはじまるのは、実際に離脱交渉がはじまり、そのことによってイギリス経済の将来を暗雲が覆うようになってからであろう。

リベラルな国際秩序のゆくえ

イギリスの国民投票の結果がもたらす巨大な衝撃は、イギリスの国境の内側にとどまるものではない。

戦後現在に至るまで、リベラルな国際秩序はアメリカとイギリスという二つの西側世界の指導的な大国が中心となって擁護されてきたものであった。ところが、そのような前提が将来にわたって続いていくことが、もはや自明ではなくなっている。例えば、アメリカのシンクタンクのジャーマン・マーシャル・ファンドのダニエル・トワイニングは、『フォーリン・ポリシー』誌に寄せたコラムで、「最も緊密で最も能力の高い同盟国を失うことは、アメリカにとって戦略的な損失が大きく、リベラルな世界秩序を守る大国が舞台から退いていくことで、その秩序はさらに浸食されていく可能性が高まっている」と記している。(6) また、ハーバード大学教授のスティーブン・ウォルトも、『フォーリン・ポリシー』誌において、「リベラルな世界秩序の崩壊」と題するコラムを寄せており、かつて誰もが信じていた冷戦後のリベラルな秩序が、深刻な危機に瀕している現状に警鐘を鳴らしている。(7)

将来はあまりにも不透明である。しかしながら、今回のイギリスの国民投票の結果は、世界的に進行している民主主義の劣化や、国際協調の行き詰まり、ナショナリズムの台頭を象徴する現象であった。

アメリカでは内向き志向が強まって、ドナルド・トランプが大統領選挙で共和党候補となり、他方でイギリスでもナショナリズムが強まりEUという協調体制に背を向ける決断を行った。かつて第二次世界大戦を勝利に導いたこの二つの国連常任理事国が、国際社会における「法の支配」や人権の擁護を目標に影響力を行使しなくなれば、リベラルな国際秩序は衰退に向かう。それはまた日本にも多大な影響を及ぼすであろう。

民主主義の劣化

イギリスの民主主義は劣化しつつある。そのことが、今回の結果を招いた一つの要因であると、多くの論者が指摘している。オクスフォード大学総長であり、保守党の政治家として欧州委員会委員やイギリスの最後の香港総督を経験したクリス・パッテンは、イギリスの有権者が「離脱派の『嘘』に乗ってしまった」現実を、厳しく批判する。パッテンは次のように述べている。

「国民投票という制度は、本来は複雑なものごとを馬鹿馬鹿しいほどに単純化してしまう。英国はEUに加盟しているため国際協力のごたごたに巻き込まれて主権が制限されているとの考えに基づき、一連の偽った主張や公約がなされた。離脱したとしても英国にとって最大の市場である欧州とは有利な通商協定を結ぶことが可能で、移民の数が減り、健康保険などへの予算が増えるとの公約が示されたのだ。とりわけ言い立てられたのは、英国が一世を風靡するのに必要な創造的バイタリティを取り戻すことが可能になる、という点だった。今後懸念される事柄の一つは、こういった嘘の全てが明らかになるにつれて、『離脱』を支持した人々の失望感が広がっていくことだ。有権者は『自分たちの国を取り戻す』と言われたのだが、結果として起こる現実を彼らが好ましく思う事は絶対にないだろう。[8]」

そしてパッテンは、厳しい言葉で次のように暗い未来を予言する。「実のところ、『離脱』に賛成票を入れた人々の多くがそれを一生後悔することはないのかもしれない。しかし、EU残留賛成が圧倒的だった英国人の若い世代はほぼ確実に、一生悔やむことになるだろう。[9]」

また、EU政治が専門の遠藤乾・北海道大学教授も、同様に、「今後、この国はのたうち回るだろう。これまで見ていた連合王国のイメージはとりあえず捨てて、これからどうなっていくのか、注視しなければならない」と冷静に指摘する。そして、「より広い意味で言えば、グローバル化によって、雇用が不安定化し、生活が向上しない（のに、政治家を含め誰もその問題に見向きもしない）と考えている広範な勤労者・労働者層に対して、広範なインフラ整備から給料のような形の価値付与まで、本腰で取り組まないと、この手のバックラッシュ（反動）は、どの国でも起こりうる現象だということになろう[10]」という。さらには、「英国のデモクラシーの劣化を感じます」と述べ[11]、「敵を定めて、デマすれすれのことを言うことで支持を集める」ような動きに危機感を示している。

同様の主張を、ハーバード大学名誉教授のジョセフ・ナイも行っている。ナイは、政治家が嘘をつき、国民をだますということがあったとしても、それは稀でなければならないし、それをきちんと検証することが必要だと指摘する。「そうでなければ、われわれは民主主義の質を低下させることになり、われわれの政治的な言説の質をさらに下げていってしまうことになるのだ。」[12]そのために、何が必要か。「独立した、強靱な新聞が、真実を検証して、民主主義の健全さを維持することが、死活的に重要となっている。」[13]そして、有権者もまた、シニシズムに抵抗して、政治的言説の悪化を阻止しなければならないのだ。」

われわれは多くの場合、自らが抱えるどんな困難で複雑な問題も、民主的な意思決定により解決可能だと考えてきた。しかしそれは、正しくはなかった。民主主義とは、われわれの意思決定の一つの形態であるにすぎない。ケンブリッジ大学名誉教授であり、民主主義思想や自由主義思想の研究の権威であるジョン・ダンは、この問題について次のように述べる。

「本来の民主主義は、今日我々が民主主義の属性として求めるものより、はるかにささやかなものだということである。そして、今日民主主義の名によって止めどなく正当化される諸々の主張は過剰で、明らかに有害であり、その害を食い止めるには、民主主義を等身大に理解するしか方法はないということである。」[14]

政治の世界で民主主義が劣化していった一つの重要な要因は、政治家が当たり前のように嘘を語るようになり、それが検証されることなく国民の間に広く浸透していったことであろう。コラムニストのスティーブ・リチャーズは、『ガーディアン』紙において、次のように語る。「政治的なアウトサイダーが嘘をつくだけではない。主要な政党が、有権者の前でつねに誠実であるとは限らないのだ。」[15]そして、われわれはいま、「真実後の世界（post-truth era）」にいると論じている。

同じように、『ガーディアン』紙のコラムニストのジョナサン・フリードランドも、アメリカのドナルド・トランプやイギリスのボリス・ジョンソンのように平然と嘘をつき、それを国民に浸透させるような政治家を、「真実後の政治家（post-truth politicians）」と呼び、批判をしている。[16]彼らの言説はイギリスのEU離脱派、リベラルな国際秩序の危機、そして民主主義に対する信頼の危機の震源となっている。それは、イギリス経済における深刻な危機であると同時に、議会制民主主義の母国であるイギリスにおける民主主義の危機でもあるのだ。

グローバル化の余波

なぜこのようなことになったのか。

イギリス国民をEU離脱の投票へと導いた要因とは、どのようなものであろうか。その最大の要因の一つとして、グローバル化の進展が指摘できる。イギリス国民は、グローバル化の進展によって、自らの国の雇用の問題、経済成長の問題、移民の問題、社会的不安の問題などに直面した。それらは最も切実な問題であるにもかかわらず自らの意思で決定できないことに不満を蓄積させている。これは、グローバル化の影響によって、すべての開かれた先進民主主義諸国が共有する問題であるが、イギリス国民の多くはそれをＥＵによる問題と考えてしまったのだ。

そして、皮肉なことにそのような新しいグローバル化の潮流を加速させる上で重要な役割を担ったのが、保守党の欧州懐疑派の議員がその理想とするマーガレット・サッチャーであった。

一九八〇年代以降に、サッチャー政権下で進められた新自由主義的な改革が国境を越えて普及した結果、先進民主主義諸国の多くにおいて市場経済の論理が徹底されていった。サッチャーは、それ以前のイギリスの社会経済システムをラディカルに改革して、より自由主義的で自己責任に基づいた「小さな政府」へとイギリスを変質させていった。そのことは、それ以前には政府の社会保障によって守られてきた低所得者層が、手厚い保護を失うことを意味する。セーフティーネットを失った失業者は、社会から取り残されていった。

さらには、冷戦の終結、東欧諸国のＥＵ加盟、そして近年の中東情勢の混乱によって、イギリスに大量の移民や難民が流入してきたことが、欧州懐疑主義や排外主義的な感情を増長する要因となってきた。キャメロン政権は当初は一年間の移民の流入を一〇万人に制限すると公約しながら、二〇一五年に流入した移民の数は三〇万人を超えていた。そのような現状に対して、実務的で厳しい移民政策を推し進めてきたのが、これまでキャメロン政権を内相として支えてきたテリーザ・メイである。

ところが、これらの問題はいずれも、イギリスがEUから離脱することで根本的に解決するわけではない。イギリスがEUから離脱することで移民が大幅に削減されるという言説や、それによってテロがなくなるという言説、さらには無駄な拠出金の支出がなくなりそれをイギリスの国民医療サービス（NHS）に使用できるという言説は、その多くが誤りであることを、国民投票の後に離脱派の指導者たちも認めるようになっている。あるいは、ノルウェーのように、欧州経済領域（EEA）に加わって、単一市場EUへのアクセスを維持するのであれば、アンゲラ・メルケル独首相が厳しく言い放っているように、これまで同様に「人の自由移動」を受け入れなければならない。離脱後の道のりは、きわめて険しい。

イギリスはグローバル化から逃げることはできないし、ヨーロッパ統合から甘い果実のみをつまみ食いすることもできない。あたかも、EU離脱によってイギリスが「主権」を回復して、それによって自らの意思で自由自在に、自らの望む政策を実現できるかのような錯覚をイギリス国民に与えてしまったところに、離脱派の主張の深刻な問題と責任が横たわっている。それらの「公約」が実現不可能とわかったときには、巨大な失望と政治不信をもたらすことであろう。イギリス政治の将来は、暗雲に覆われている。

その「公約」をばらまいたナイジェル・ファラージュUKIP（イギリス独立党）前党首、ボリス・

ジョンソン前ロンドン市長、そしてマイケル・ゴーヴ前司法相が、国民投票後に逃げ去るように表舞台から消えてしまったことで、その政治的責任を負う者が誰もいなくなってしまった。まるで、酔いが覚めた後の悪夢のようである。

BREXITの影響

それではEU離脱というイギリス国民の決定は、これからのイギリスやヨーロッパ、さらには世界に対してどのような影響を及ぼすのであろうか。

第一に、すでに述べたようにイギリスのEU離脱はイギリス経済に対して、マイナスの影響を及ぼすことが考えられる。そもそも、キャメロン政権は財務省報告書などを通じて、詳細なデータを用いてEU離脱がいかにイギリス経済に負の影響を及ぼすか、警鐘を鳴らしてきた。それは「恐怖プロジェクト」と呼ばれ、離脱派からは厳しい非難を浴びたが、民間シンクタンクやコンサルティング会社など様々な報告書の見通しにおいても、同様の悲観的なシナリオが示されていた。日本におけるEU経済の第一人者で東北大学名誉教授の田中素香・中央大学経済研究所客員研究員もまた同じように、「ロンドン金融市場は空洞化し、海外直接投資の流入も減少しよう。離脱は大打撃となろう」と、明確にそのダメージを予測している。(17)

第二に重要なことは、イギリスのＥＵ離脱は、他国における極右政党を勢いづかせる効果を持つ。すでにフランスの極右政党である国民戦線の党首であるマリーヌ・ルペンがイギリスの決定を歓迎する声明を出し、さらにフランスでもＥＵ離脱を問う国民投票を実施するよう求めている。また二〇一七年のフランス大統領選挙でルペンが大統領に選ばれれば、これはＥＵ全体にとって決定的な危機となるだろう。また、そのようなポピュリズムやナショナリズムが拡大すれば、世界経済にも当然ながら負の影響を及ぼし、国際協調がよりいっそう困難となる。イタリアは国内に深刻な銀行危機を抱えており、さらにスペインとポルトガルはユーロの緊縮財政の規定に違反していることからも、違約金を支払う必要が生じている。それらの諸国で、緊縮財政を強要するドイツに対して、よりいっそうの反発が強まるだろう。

第三に、ＥＵ離脱によってイギリスは、中国やロシアへの依存を強めることになる可能性が高い。それはルールに基づく国際秩序を傷つけるような大国に対して、従来に比べて厳しい批判を行うことがより難しくなることを意味する。(18) また、イギリスは従来のようなＥＵとしての共通対外政策の制約から解放されて、ＥＵ加盟国とは異なる見解を示すことが可能となる。だとすれば、ロシアや中国はこれまで以上に単独行動が可能なイギリスに対して、厳しい圧力をかけやすくなる。

すでにロシアのウラジーミル・プーチン大統領は、イギリス国民投票の結果を歓迎する姿勢を示しており、それによってＥＵ全体としてウクライナ問題をめぐるロシアへの制裁が弱まることを期待している。対ロシア政策については、これまでは主要国のなかでは米英両国政府の対応が最も強硬であった。フランスやドイツはむしろ、それを緩和する方向に傾いていたことからも、G７がロシアにより協調的な対応をとることになるのではないかと予想される。それはまた、リベラルな国際秩序の維持を強く求めるアメリカが孤立することを意味する。

これらを総合すると、先進民主主義国間の国際協調、さらには戦後アメリカとイギリスが中心となって支えてきたリベラルな国際秩序が、深刻な危機に直面していることがわかる。そのような綻びが、国際法やルールに基づいた国際秩序を傷つけるような行動を可能にする誘因になるかもしれない。今後しばらくそのような推移を、注意深く見守る必要があろう。イギリスのＥＵ離脱問題は、われわれにとっても無縁の問題ではないのである。

（１）Statement from the new Prime Minister Theresa May, 13 July 2014, https://www.gov.uk/government/speeches/statement-from-the-new-prime-minister-theresa-may.

（２）「英国のＥＵ離脱問題に関する関係閣僚会議」二〇一六年六月二四日、http://www.kantei.go.jp/jp/97_abe/actions/201606/24uk_eu.html.

（３）ＢＲＥＸＩＴの日本への影響については、Tomohiko Taniguchi, "Brexit: The Consequences for Japan", *The Diplomat*, 8 July 2016, http://thediplomat.com/2016/07/brexit-the-consequences-for-japan.

（４）『日本経済新聞』二〇一六年六月二八日。

（５）『日本経済新聞』二〇一六年六月三〇日。

（６）Daniel Twining, "Brexit's Blowback on the Liberal World Order", *Foreign Policy*, 8 July 2016, http://foreignpolicy.com/2016/07/08/brexits-blowback-on-the-liberal-world-order.

(7) Stephen Walt, "The Collapse of Liberal World Order", *Foreign Policy*, 26 June 2016, http://foreignpolicy.com/2016/6/26/the-collapse-of-liberal-world-order-european-upon-brexit-donald-trump.

(8) クリス・パッテン「EU去る英国、足下で直面する三つの『懸念』」東洋経済オンライン、二〇一六年六月二八日、http://toyokeizai.net/articles/-/124837.

(9) 同右。

(10) 遠藤乾「英国はEU離脱で『のた打ち回る』ことになる」東洋経済オンライン、二〇一六年六月二七日、http://toyokeizai/net/articles/-/124569.

(11) 遠藤乾「英国のデモクラシーの劣化に危機感―英なきEUでドイツは責任大国として対応を」時事通信社Janet、二〇一六年七月一日、http://janet/jw/jiji.com/app2/do/contents/view/21c54f13b8812100d9df2bb6e38182a/2160701/561/viewtemplate1.

(12) Joseph S. Nye, "Lying and Leadership", *Project Syndicate*, 6 July 2016, http/www.prject-syndicate.org/commentary/lying-and-leadership-by-joseph-s-nye-2016-07.

(13) Ibid.

(14) ジョン・ダン「等身大の民主主義観」『アスティオン』第七七号（二〇一二年）一〇頁。

(15) Steve Richards, "Brexit, Trump: The Trouble with Claiming We're in a Post-Truth Era", *The Guardian*, 10 August 2016.

(16) Jonathan Freedland, "Post-Truth Politicians Such as Donald Trump and Boris Johnson Are No Jokes", *The Guardian*, 13 May 2016.

(17) 田中素香「EU離脱、繁栄の基盤壊す」『日本経済新聞』二〇一六年三月一〇日。

(18) David Dollar, "Brexit Aftermath: The West's Decline and China's Rise", Brookings Institution, 27 June 2016, https://www.brookings.edu/blog/order-from-chaos/2016/06/27/brexit-aftermath-the-wests-decline-and-chinas-rise/.

あとがき

二〇一六年六月二三日のイギリスにおけるEU加盟継続を問う国民投票。多くの人は、僅差で残留することを想定していたのではないだろうか。すでに加盟から四〇年以上が経過して、イギリスの経済と社会はEUのなかに深く埋め込まれている。そこから離脱するとなれば、技術的にも膨大な作業が必要となる。もちろん、それ以上に、イギリスの対外貿易の五割弱がEUに対するものである以上、英仏海峡を挟んでイギリスとEUとの間に関税障壁が再びつくられるとすれば、それはイギリス経済に対して想像できないほどの悪影響を及ぼすであろう。

イギリス国民は、国民投票において、僅差でEUからの離脱という選択をした。そして、デイヴィッド・キャメロン首相は、その選択を尊重すると述べて、首相の座を退く決断をした。それによって、新たに翌月には、テリーザ・メイ内閣が誕生する。二〇年を超えて、イギリスがEUから離脱するための運動を続けてきたイギリス独立党（UKIP）のナイジェル・ファラージュ党首は、なんと直前の世論調査の結果や、情勢の推移を見て、開票作業が終わる前に「敗北宣言」を出していた。また、離脱派のリーダーであったボリス・ジョンソン前ロンドン市長は、僅差でイギリスが残留することを想定して、その後に学生時代からの盟友であるキャメロンの後を継いで、自らが首相になることを求めていたと報じられていた。イギリスは、かつて経験したことのないような衝撃と、混乱を経験する。しかも、その衝撃と混乱は、ヒトラーがポーランドに侵攻した第二次世界大戦勃発や、アルゼンチンがフォークランド諸島を占領したフォークランド戦争のように、イギリス政府がその対応を迫られるような種類の外からの危機ではない。イギリス国民自らがつくり出した危機である。イギリスのシンクタンクである財政研究所（ＩＦＳ）の見積もりでは、二〇三〇年までにイギリスはＧＤＰの四パーセント、七五〇億ポンド、日本円で約一〇兆円を失うことになるという。還元すると、それぞれの家計で、毎年四〇万円ほど所得が低下することになり、貧しくなることになる。

最大の問題は、先行きがまったく見えないことだ。イギリスがＥＵと離脱交渉をすれば、リスボン条約五〇条で規定されている二年以内で合意が妥結するとは考えがたい。だとすれば、ＥＵとの間に通商協定がない状態となるばかりか、それ以外の諸国との間でも協定が不在の状態で、イギリス経済、とりわけ金融業のようなサービス業にとっては壊滅的な状態になるかもしれない。もっとも、最良である選択肢は、ノルウェーのようにＥＥＡ（欧州経済領域）に加盟することだが、すでに本文中でも述べたように、その選択肢を採るとすれば、「人の自由移動」を受け入れることで移民流入をコントロールすることもできないし、またＥＵの政策決定に関与できないためにイギリスにとって不利となる条件を飲まざるを得なくなる。単純に、現状よりも悪くなることは確実だ。

イギリス政府は、イギリスの国益と、イギリス国民の安全を確保するために、最良の交渉が可能となるように政府内で検討を始めているが、すでに外務省と、新設のEU離脱省および国際貿易省とのあいだで、激しい縄張り争いと、権限の分配をめぐる摩擦が生じており、政府内で交渉を始めるためのポジションを確定する手続が遅れている。それ以上に、保守党内での残留派と離脱派の亀裂は深刻であって、内閣の中でも激しい衝突がすでに見られている。このような状況では、イギリスの国益とイギリス国民の安全を確保するための最良の条件をEUとの交渉で確保することなどは困難であろう。

本書では、なぜこうなってしまったのか、それを問い、そしてそこに至る軌跡を概観してきた。そのことにより、われわれが直面する巨大な危機の性質をより深く理解するための参考になればと願っている。なお、各章の初出については、以下の通りである。

第一章 「イギリスとEU―独仏枢軸との関係を軸に」田中俊郎・庄司克宏編『EU統合の軌跡とベクトル―トランスナショナルな政治社会秩序形成への模索』（慶應義塾大学出版会、二〇〇六年）

第二章 「イギリスのEU政策と市民―首相・政党・世論」田中俊郎・庄司克宏編『EUと市民』（慶應義塾大学出版会、二〇〇五年）

第三章 「リスボン条約とイギリス―「やっかいなパートナー」の再来？」日本EU学会編『リスボン条約とEUの課題』（日本EU学会年報三一号）（二〇一一年）

第四章　「キャメロン政権とヨーロッパ統合―イギリスはEUから離脱するのか」『法学研究』第八七巻、第六号（二〇一四年）
第五章　「イギリスのEU離脱問題と国民投票」『世界経済評論』二〇一六年七・八月号（二〇一六年）

本書の内容の大部分は、慶應義塾大学出版会から刊行した書籍や、慶應義塾大学法学部の紀要に掲載したもの等を大幅に改訂しているが、その際に編集いただいた編集部の乗みどりさんに、今回もお世話になった。六月二四日に国民投票の結果としてEU離脱を決定してから、まだ二カ月ほどしか経過していないが、乗さんとの打合せで、可能な限り早く刊行することで幅広い関心に応えることができるのではないかとの方針で進めることとなった。かなりのご無理をお願いして、短期間でも丁寧に校正や編集の作業をお進めいただいたことに、深く感謝している。乗さんと一緒にイギリスに関連する単著を刊行するのは、七年前の『倫理的な戦争―トニー・ブレアの栄光と挫折』以来二冊目となるが、今回もまた最良の御助力をいただいたことに深く感謝したい。

私が大学院修士課程に入学して、イギリスとヨーロッパ統合との関係をテーマに研究をしたいと決意してから、すでに二〇年以上が経過した。一九九七年三月には、「イギリス外交とヨーロッパ統合の起源、一九四八年―五〇年」というタイトルで、修士論文を提出している。それ以降現在に至るまで、このテーマを研究する上で指導教授であった田中俊郎慶應義塾大学名誉教授からは、一貫して丁寧で、寛容なご指導をいただいてきた。いまだ、このテーマに関しては、田中俊郎先生ご自身の知見が巨大な山脈であり、超えることはできないが、田中先生とは異なる関心と視点から、わずかながらであっても何らかの独自の貢献ができていることを願うばかりである。つねにこのテーマに魅力を感じて、学び続けることができたのは、田中先生ご自身がこのテーマでの研究の第一人者であることが大きい。これまでの二〇年を超えるご指導に、深く感謝申しあげたい。

日本では、イギリスとヨーロッパ大陸がそもそも歴史も文化も異なる、という一点ですべてが簡単に片付けられてしまい、両者の間の緊張と友好が混じり合った複雑なその長い歴史が看過されることが多い。人間と人間の関係も、国家と国家の関係も、またイギリスとヨーロッパ大陸関係も、一言で片付けられるほど単純なはずがない。イギリスは、ヨーロッパの一部であると同時に、ヨーロッパの一部ではない。それを前提にして初めて、ＥＵ離脱の問題、これまでの歴史、また今後起こりうることについても深く理解できるのではないだろうか。本書が、それを考える上での一助となることを願ってやまない。

二〇一六年八月

細谷　雄一

細谷　雄一（ほそや　ゆういち）
慶應義塾大学法学部教授。1971年、千葉県生まれ。英国バーミンガム大学大学院国際関係学修士号取得。慶應義塾大学大学院法学研究科政治学専攻博士課程修了。博士（法学）。
主な著書に、『戦後国際秩序とイギリス外交―戦後ヨーロッパの形成 1945年－1951年』（創文社、2001、サントリー学芸賞）、『倫理的な戦争―トニー・ブレアの栄光と挫折』（慶應義塾大学出版会、2009、読売・吉野作造賞）、『国際秩序―18世紀ヨーロッパから21世紀アジアへ』（中公新書、2012）、『歴史認識とは何か―日露戦争からアジア太平洋戦争まで』（新潮選書、2015）ほか。

迷走するイギリス
――EU離脱と欧州の危機

2016年10月5日　初版第1刷発行

著　者――――細谷雄一
発行者――――古屋正博
発行所――――慶應義塾大学出版会株式会社
〒108-8346　東京都港区三田2-19-30
TEL〔編集部〕03-3451-0931
〔営業部〕03-3451-3584〈ご注文〉
〔　〃　〕03-3451-6926
FAX〔営業部〕03-3451-3122
振替　00190-8-155497
http://www.keio-up.co.jp/
装　丁――――鈴木　衛
組　版――――株式会社キャップス
印刷・製本――中央精版印刷株式会社
カバー印刷――株式会社太平印刷社

Printed in Japan ISBN978-4-7664-2373-0